「売りたい営業マン」は訪問するな！

FaxDMでザクザク新規開拓ができる！

eパートナー 高橋 廣

同文舘出版

まえがき

「今この場でクビです。30分以内に会社から出て行くように！」

2004年9月10日。出勤早々に役員室に呼ばれた私はそう告げられました。解雇の理由は簡単です。私が在職中にもかかわらず、競合に近い会社を立ち上げたからです。それが会社にバレてクビになったのです。当然と言えば当然です。

当時私は、外資系マーケティング会社に勤めていました。中途入社して4年目。営業成績はアジア太平洋地区（日本、韓国、台湾、豪州など）の全営業マンの中でダントツの1位。また、持ち前の明るさから社内の人気者でした。1ヶ月前にはマンションも購入し、トップセールスを維持しながらの起業。順風満帆に見えたそのときに突然の解雇宣告。私は頭の中が真っ白になってしまいました。

マンション購入直後だったため、手持ちの現金はわずか30万円。新しく立ち上げた会社の売上げはほぼゼロ。クビになったその日は、ほとんど眠ることができませんでした。

当時の私には、現金がすぐに必要でした。手持ちの30万円なんてすぐになくなってしまいます。悠長に営業活動をしている場合ではありません。今すぐにお金を払ってくれるお客が必要だったのです。手元にあるのは、電話とFａｘとパソコンだけ。金やコネがないのは当然ですが、私には時間すらなかったのです。

真剣に考えた結果、私はある結論に達しました。

「訪問しない、テレアポしない、成約できそうなお客さんだけを追いかける」

火事場の馬鹿力といくつかの幸運に恵まれ、何とか危機を乗り越えることができました。

この本で紹介するのは「訪問なしで新規開拓」するノウハウです。通常の営業方法とはちょっと異なることも多々あります。

この本を読むことによって、あなたは次のようなノウハウを学ぶことができます。

1　「成約しやすいお客さん」の見つけ方
2　反応が高い広告の書き方
3　成約率を2倍にする魔法のセールストーク
4　成約率を上げる資料の作り方
5　成約率を2倍にする見込客フォロー方法

あなたが営業マンであれば、営業効率を格段に上げることができます。あなたが経営者、もしくは営業責任者であれば、優秀な営業マンを大量生産することができるでしょう。

クビから5年。現在私は、電話とFａｘとパソコンだけで営業しています。お客さんを訪問したりテレアポすることもありません。会社から一歩も出ずに売上げを上げています。そしてこのノウハウは、「ＢｔｏＢ（＝対法人営業）」であれば、ほとんどの会社で使えるノウハウです。

さあ、立ち読みはそのくらいにして、レジに並んで下さい。もし万一、この本が役に立たなかったとしても、あなたが失うものはたかがしれています。しかし、ここに書かれているノウハウのうち、たったひとつでも使えるとしたら？　もし成約率が10％でも上がるとしたら？　今までだったら逃していたお客さんを1件でも契約できるとしたら？

あなたの決断お待ちしています。

２００９年8月

高橋　廣

CONTENTS

2章 あなたに代わって飛び込み営業！

3章

広告の反応率を高めるノウハウ

4章

ライバル会社とは戦うな！

5章 問い合わせ客を逃がすな!

6章

成約率を2倍にする魔法のセールストーク

7章 もらった名刺は捨ててしまえ！

装丁／藤瀬和敏
本文DTP／KEN

1章

新規開拓したいなら会社から出るな！

熱心な営業マンほど売れない理由
社長が知らない営業マンの実態
営業マンはお客探しが苦手
アポイント訪問は1日4件が限界
外出禁止の会社
契約しやすいお客さん、契約しにくいお客さん
伸びる人と伸びない人――その決定的な違いは？

熱心な営業マンほど売れない理由

これは、私が出会った「超」がつくほど熱心な営業マンの話です。

以前、私がカンボジアにアンコールワットという遺跡を見に行ったときの出来事です。「熱心な営業マン」とは、その遺跡にいた〝売り子〟たちことです。カンボジアでは、10歳前後の子どもたちが、花や絵葉書や工芸品などを売っています。

観光客が遺跡を見物していると走ってきて、「ワンダラー、ワンダラー、チープチープ」と言ってきます。

その日、私は遺跡見物であちこちを歩き回っていました。そんなとき、10歳くらいの女の子が売り込みにやってきました。プラスチックか何かのブレスレットの売り込みです。

「5ドル5ドル、チープチープ」

私はまったく興味もなく、土産を買う予定もなかったので、「バイバ〜イ」と手だけ振ってそのまま歩き続けました。ところが、その女の子はあきらめません。

「OKOK、3ドル」

いきなり値下げしてきました。値下げをされても要らないものは要りません。私は歩き続けます。

「OKOK。ユーカッコイイ。1ドル」

さらに値下げです。カッコイイのところはなぜか日本語。というかお嬢ちゃん、最初の5ドルは何だったの？　と思いながらも足を止めることなく歩き続けます。

「OKOK。ユーカッコイイ。2コで1ドル」

えー、まだ下がるの？　と思いながらも歩き続けます。

「OKOK。ユーカッコイイ。5コで1ドル」

なんと、最初は1個で5ドルだったものが、最終的には5個で1ドルになっているではありませんか！　最初の価格の25分の1。ですが、いくら安くなっても要らないものは要らないのです。「かわいそうだから、チップくらいあげようかな～」と思いながらも歩き続けていたそのときです。

「ユー、オカマ！」

最後の捨てゼリフを残して、その子は去って行きました（ちなみに「オカマ」も日本語でした！）。

この出来事は単なる笑い話ではありません。この女の子はすごく熱心な営業マンです。断られても断られても、どんどん売り込みをかけてきます。

ここでふと思いました。これって昔の俺？　ほしくもない人のところを、何回も訪問して買ってもらおうと努力している、この女の子とまったく同じじゃないか！

そして、おそらく今もこのような営業を続けている営業マンが日本にはたくさんいるはずです。テレビの影響かもしれませんが、一般的にデキる営業マンは「断られても断られてもへこたれず、最後には相手が根負けして契約する」というイメージがあります。

たしかにそれも一理ありますが、そんなに強い精神力を持っている人はごく一部です。多くの人は断られれば凹んでしまう、しやる気も失います。そして、最後には商談相手から嫌われるのがオチです。

本当に優秀な営業マンは「断られても食らいつく」のではなく、「断られたらさっさと次のお客さんを探す」のです。そのほうが何倍も効率が上がります。

社長が知らない営業マンの実態

「朝9時になったら、営業マンは全員営業に出ろ」
これは、以前私がいた会社のルールでした。

当時私は、住宅の営業マンでした。その会社では朝9時になる前に、急いでみんな営業に出かけます。もし、9時を過ぎても会社に残っていたらたいへんです。所長から、「何をやってるんだ！　やる気がないのか！」と怒鳴られてしまいます。

営業マンは全員外出するものの、途方にくれています。と言うのも、個人宅で朝9時の訪問アポなどなかなか取れるものではないからです。また、仮にアポが取れたとしても、決定権者であるご主人がいないと話はまったく進みません。

では、朝9時に外出した営業マンはいったい何をしているのか？
みんなでファミレスの朝定食を食べてるんですね、これが。

仲のいい営業マン同士、携帯で連絡を取り合って朝定食を食べています。それから上司の悪口やグチ、今月の売上げなど、お互いの腹の探り合いが続きます。

「なんてヤル気のない営業マンなんだ！」

もしあなたが社長なら、こう思うかもしれません。ですが、これは多分あなたの会社でも今まさに起こっていることなのです。多かれ少なかれ、営業マンは仕事をサボります。

あまり大きな声では言えませんが、私もサボリ魔でした。アポが入っていないときは、ファミレスや喫茶店に行ったり車の中で昼寝をしたり……。だからこそ知っているのです。営業マンの実態を。

では、なぜ営業マンは仕事をサボるのでしょう？　そして、どうすれば営業マンがヤル気を持って自主的に仕事をしてくれるようになるのでしょう？

もちろん、怒鳴るだけでは営業マンは働いてくれません。いちおう彼らは、最低限の仕事だけはしてくれます。「ギリギリ怒られないラインの仕事」をしたうえでサボるのです。これではクビにすることもできません。

実を言うと、営業マンがサボるときには一定のパターンがあります。年がら年中サボっているわけではないのです。では、どういうときに営業マンはサボるのでしょうか？

営業マンはお客探しが苦手

営業マンがサボる典型的なパターンは、「アポがないとき」です。本来であれば、アポがないときこそ新規開拓をしなければなりません。

とは言え、新規開拓は辛いものです。テレアポで断られると凹むし、飛び込みなんてもっての外です。鉄のような精神力を持っていない限り、テレアポも飛び込みも続きません。紹介をもらうのも容易なことではありません。紹介がもらえるものならとっくの昔にもらっています。

そして多くの営業マンは、テレアポや飛び込み以外の新規開拓の方法をほとんど知りません。新規開拓したいけどテレアポも飛び込みも嫌だ。でも、何をすればいいのかもわからない。その結果、万策尽きたうえでの現実逃避、つまりサボリとなるのです。

しかし、ここで勘違いしないでほしいのですが、営業マンはサボりたくてサボっているわけではないということです。営業マンなら誰でも、新規開拓をしたいし売上げを上げたい、そして上司からも褒められたいのです。実際、忙しいときやアポがあるとき、営業マンは一所懸命働きます。アポがあれば真面目に商談するし、お客さんから見積依頼があれば飛んで行きます。

ところが、そのアポが取れないのです。アポがないときこそ新規開拓をすればいいのですが、多くの営業マンには新規開拓時のトラウマがあります。テレアポでガチャ切りされたり、商品説明の途中なのに「結構です」と断られたり、飛込みで露骨に嫌がられたり、「今忙しいので」と言われたり。まじめに新規開拓しようとすればするほど、精神的に凹んでしまうのです。あなたにも心当たりがあるはずです。

多くの会社では新規開拓の重要性を認識しています。社長や営業部長は、「新規開拓！　新規契約！」といつも叫んでいます。

にもかかわらず、多くの会社では新規開拓は営業マン任せです。もちろん、広告やインターネットを利用して、会社として見込客を開拓しているところもあるでしょう。しかし、それはごく一部です。会社の売上げの9割は、営業マンが自力で開拓しているのです。

アポイント訪問は1日4件が限界

たとえば、あいさつ程度の訪問であれば、1日10件以上の訪問も可能でしょう。しかし、事前にアポを取ってきちんとした商談をするのであれば、1日4件の商談が限界です。

私はＢｔｏＢ（対法人）営業マン時代、1日3件のアポイント訪問をひとつの目安にしていました。３件のアポイント訪問だとけっこう忙しくて、それだけで仕事をしたつもりになっていました。

商品やサービスにもよりますが、商談時間は1回30分～1時間の間だと思います。仮に45分の商談とすると、３件の商談で商談時間の合計は45分×３回＝１３５分です。つまり、３件の商談でも2時間と少ししか仕事をしていないことになります。残りの時間は、移動時間や食事休憩、喫茶店での時間つぶしなのです。

私が住宅営業を辞めた後に転職したのは外資系の会社でした。外資系なので、営業ノルマがきついところでした。売上げが足りないとすぐにクビです。ですから、普通に営業していたのでは生き残れません。

そこで私が取った行動は、**「訪問しない営業」**でした。私は、「できるだけ訪問せずに契約しよう」と決めました。1件訪問すると移動と商談で2時間かかりますが、電話なら10分、長くても30分で終わります。実に1時間半も節約できます。そして、普通の営業マンが契約までに2回訪問していたところを私は1回ですませるようにしました。場合によっては、1回も訪問もせずに契約できるように電話を活用しました。

「ウチの会社では訪問営業はしていないんですよ」

このように電話口で答える私に、同僚たちは驚いていました。私はサラリーマンだったにもかかわらず、勝手にルールを決めていたからです。しかし、電話対応やメール対応をきちんとしておけば、お客様と一度も会うことなく契約することができたのです。また、お客さんによっては、**「訪問されるのは面倒」と考えている人が多い**こともわかりました。

あなた自身はどうでしょうか？　営業マンから「訪問します」と言われると、「めんどくさいなあ」と思ったことはありませんか？

訪問しないということは、相手にとっても自分にとってもメリットのあることなのです。相手も時間や労力を節約できます。もちろん浮いた時間は無駄にはしません。インターネットで見込客を探し、効率よくテレアポできるようにしていました。

外出禁止の会社

「御社の商品に興味を持ちました。もっとくわしく知りたいので、説明に来てほしいんですが……」

このような電話があると、普通の営業マンは喜んで訪問するでしょう。

しかし、私の会社では次のように回答しています。

「申し訳ありません。弊社では訪問しての説明は有料なんです。お電話でなら無料でいくらでも説明いたしますが……」

そうです。私の会社では訪問営業は禁止なのです。どうしても直接会いたいという場合だけ、有料で商談をお受けしています。

以前、中途入社の社員に訪問有料の件を教えると、「訪問有料なんて言っちゃっていいんですか？　お客さんから怒られませんか？」と何度も訊かれました。それくらいインパクトがあるようです。

ですが商品にもよりますが、訪問してもしなくても成約率はそれほど変わりません。むしろ、訪問したほうが成約率が下がるケースもあります。

であれば、訪問はしないほうがいいのです。軽い気持ちで、「会いたい」とか「説明に来てほしい」と言われても困ります。往復1時間、商談1時間で合計2時間もかかるからです。これに人件費を考えると、1回の訪問は1万円の原価がかかっていることになります。訪問には目に見えないコストがかかっているのです。

私は独立当初、「訪問営業はしない」というルールを決めました。独立初期の段階ではやはり断るのが怖くて、数回だけ訪問営業をしたことがありました。ところが、契約に至ったのはたった1件だけでした。

そして多くの場合、訪問商談の場合でも、電話商談の場合でも、訊かれることや話すことは、ほとんど同じです。つまり、電話で話すか会って話すか、だけの違いなのです。極端な話、「会って商談したい」という人は、ただ単に不安なだけなのです。

「この会社に任せていいのだろうか？」

「この人は信頼できるのだろうか？」

これらの不安を、会うことによって解消したいのでしょう。

逆に言うと、そうした不安さえ解消できれば会わなくても契約できます。きちんと電話やメールの対応をすれば信頼を得ることは可能です。訪問なしでも信頼を得られるのです。現に弊社では、訪問なしで新規契約を取っています。

そして問題なのは、訪問営業をしていると、**ついつい仕事をしたつもりになってしまう**ことです。1日3件の訪問商談をしていると、誰でも仕事をした気になってしまいます。3件の商談がすべて契約に結びつかなくても、「俺って、めちゃくちゃ働いてる」という錯覚に陥ってしまうのです。

営業は、数字を上げてナンボの世界です。数字に結びつきにくい仕事は極力排除しなければなりません。とくに、単価が低い（10万円以下）商品でリピート性が低い場合、訪問営業に頼っていたのでは、まったく利益が出せません。

訪問営業してもいいのは、「1　単価が高いorリピート率が高い」、「2　地域密着型」、「3　信頼性を上げるのがとくに重要なもの」だけです。

契約しやすいお客さん、契約しにくいお客さん

お客さんには2種類あります。「契約しやすいお客さん」と「契約しにくいお客さん」です。たとえば、インターネットや電話などで問い合わせてきたお客さん。これは契約しやすいお客さんですね。一方、飛び込みやテレアポで開拓したお客さんは多くの場合、契約しにくいお客さんと言えます。

先ほどのカンボジアの女の子の話を思い出してください。「契約しにくいお客さん」にどんなに値引きをしても、どんなに熱心に営業しても、売るのは困難です。熱心に営業すればするほど嫌われるのがオチです。

そして、実は営業マン自身もわかっているのです。「このお客さんは契約できそう」、「こっちのお客さんは無理そう」ということを。わかってはいても、「捨てるには惜しい」とも思っています。

また、たとえ確率が低いお客さんでも、訪問と商談をしている姿は上司へのアピールにもなります。その結果、無駄な訪問や商談が続けられることになります。

あなたにも身に覚えはないでしょうか？

「このお客さんは、多分契約できないだろうけど他にお客さんもいないし、ちょっとがんばってみるか」と考えたことはありませんか？　しかし、いくら時間と労力をかけても最終的にはほとんど契約できません。これこそがダメな営業マンの典型的なパターンなのです。

なぜ、このような無駄な営業をしてしまうのか？　答えは簡単です。手持ちの見込客の数があまりにも少ないからです。手持ちの見込客が少ないので、確率の低いお客さんまで追いかけてしまうのです。しかし、見込みの低いお客さんをいくら追いかけても無理なものは無理。それは、営業している本人が一番知っています。

そこで、効率よく営業するためには、まずは手持ちの見込客を増やす必要があります。見込客の数が多ければ、確率の低いお客さんを追いかける必要はありません。

また確率の低いお客さんでも、1～2年後には見込みの高い（濃い）お客さんになることもあります。ということは、見込客をたくさん持って、そのお客さんをきちんとフォローしていれば、お客さんに困ることはなくなるはずです。

問題は、どうやって見込客をたくさん集めるのか？　逆に言うと、どうやってたくさんのお客さんに問い合わせてもらうのか？　ということになります。見込客の集め方については、2章でくわしくご説明します。

伸びる人と伸びない人――その決定的な違いは？

私は仕事柄、電話コンサルティングをすることが少なくありません。電話コンサルティングでいろいろなアドバイスをすると、お客さんの反応は大きく2つに分かれます。

Aさん「たしかに役に立つ情報ですね。でも、自分の業界は特殊だから……」
Bさん「その業界の事例を自分の業界に応用できないかな？」

さて、AさんとBさんではどちらの会社が伸びるでしょう？　言わずもがなですよね？

「そんなわかりきったこと言うな！」とお叱りを受けそうですが、私がこれを言うのには理由があります。と言うのも、私が電話コンサルティングをしていると、多くの人が「自分の業界は特殊だから…」と言ってくるのです。これが1人や2人であれば、「その業界は本当に特殊なのかもしれないな」と思うかもしれません。

ところが、10人いたら8人は「自分の業界は特殊だから……」と言ってくるのです。まさか、

8割も特殊な業界があるわけがありません。みなさん、無意識に自分の業界は特殊だと思いたがっているようです。

もしあなたが、「自分の業界は特殊だ」と思っているのであれば、それは勘違いの可能性が高いでしょう。そしてその思考が、あなたの成長を妨げている可能性があります。

たしかに、他業界の成功事例やアドバイスを受け入れるのはとても難しいことです。

事実、私も友人の経営者からアドバイスされたとき、「なるほど、いい考えだけどちょっとウチの会社では難しそうですね」と答えたことがあります。

私は、電話コンサルティングで「特殊な業界なんてありませんよ」とアドバイスしているにもかかわらず、いざ自分のこととなると見えなくなっていたのです。わかっていてもできないことは多いものです。知っていることとできていることの間には、雲泥の差があります。

実際、私は**「特殊な業界などない」**と本気で思っています。私のお客さんは、本当にいろいろな業種の方がいます。「サービス業」、「小売業」、「出版社」、「HP作成会社」、「調味料卸」、「整骨院」、「業務請負」、「不用品買取」、「保険代理店」、「コンサルタント」、「士業」、「リフォーム業」、「教材販売業」などです。

私は、あらゆる業種のコンサルティングをしていますが、どんな業種の方に対してもいつも同じアドバイスをしています。話し方を少し変えるだけです。違いはほんの細かな部分でしかないのです。ポイントとなる部分を間違えなければ、どんな業界にも応用できます。

せっかく時間を取ってこの本を読んでいるのですから、「どうしたら、自分の会社に応用できるかな?」と自分自身に自問しながら読むようにしてください。ただ単に受動的に見るだけ聞くだけよりも、格段に理解が深まるはずです。

本書では、いかにラクして売上げを上げるか、というノウハウが書かれています。あなたにとって、使えるノウハウもあれば使えないノウハウもあるでしょう。また過激な方法もあるし、眉ツバものと感じるものもあるでしょう。

しかし、少なくとも私や私のクライアントには効果があったノウハウばかりです。あなたにとって、使えるノウハウもあるはずです。たったひとつのノウハウが、売上げを倍増させることもあります。

ここからは、心をオープンにして「どうやったら自分の会社で使えるかな?」と考えながら読むことをお勧めします。

1章のまとめ

■営業マンは新規開拓が苦手
■新規開拓が苦手だから、ついつい新規開拓をさぼってしまう
■新規開拓を営業マン任せにするのはとても危険
■お客さんには2パターンある。契約しやすいお客さんと契約しにくいお客さん
■契約しにくいお客さんに、いくら営業をかけても時間の無駄
■無駄な訪問をやめると営業効率が上がる
■他社、他業界の成功事例は宝の山。「自分の業界は特殊だから……」と愚痴るのは簡単だが、それでは成長できない

2章

あなたに代わって飛び込み営業!

あなたに代わって〝飛び込み営業〟します!
FaxDMのウソ・ホント
反応率が高い原稿の書き方
お客さんが思わず問い合わせたくなる「オファー」とは?
オファーの事例
あなたは無意識にお客さんの問い合わせを妨げている
失敗せずにFaxDMする方法

あなたに代わって〝飛び込み営業〟します！

あなたに代わってガンガン飛び込んでくれる営業マン。そして、成約率が高そうなお客さんだけをあなたに回してくれる。しかも、ひと言の文句も言わず、カゼで休むこともなく、給料を上げろと言うこともない。そんな営業マンを、あなたはほしくありませんか？

最初に断っておきますが、私は飛び込み営業もテレアポも嫌いです。なぜなら、〝苦痛〟だからです。そんな私ですが、３ヶ月で代理店を90社開拓したり、２ヶ月で１１９５件の問い合わせ客をゲットしています。いったいどうやって？

私が使っているのはＦａｘＤＭです。ＦａｘＤＭとは、「売りたい商品の情報を1枚の紙に書いて法人にＦＡＸする営業方法」のことです。あなたの代わりに、ガンガン〝飛び込み営業〟してくれて、ひと言の文句も言わない営業マンの正体……それはＦａｘＤＭです。

「そんな、うまい話があるはずない！」

はい、そのとおりです。そんなにうまい話はありません。あなたが、普通にＦａｘＤＭをしても、多分うまくいきません。なぜなら、一般的なＦａｘＤＭの反応率は〝たったの０・１％〟

だからです。ほとんどのＦａｘＤＭ会社のＨＰには、「ＦａｘＤＭなら簡単に低予算で顧客開拓ができます！」と書かれています。ですが、これはウソです。

私は、ＦａｘＤＭのコンサルティング会社を経営しています。だから知っているのです。ＦａｘＤＭで簡単に新規開拓できるというのは幻想です。多くの会社で、初回のＦａｘＤＭを失敗します。どのＦａｘＤＭ会社も「ＦａｘＤＭは、ただ送信するだけでＯＫ！」という説明をしていますが、普通にＦａｘＤＭを送って見込客がジャンジャン集まっていた時代は２００３年に終わりました。最近の一般的なＦａｘＤＭの反応率は０・１％以下です。

実は、**ＦａｘＤＭで反響を上げるためには、ある仕掛けが必要**なのです。ＦａｘＤＭで反響を上げるためには、いくつかのポイントがあります。そのポイントをきちんと押さえていないと反響は取れません。

逆に言うと、ポイントを押さえた原稿を作ることができれば、今でもＦａｘＤＭは有効です。ＢｔｏＢ（対法人営業）であれば、ＦａｘＤＭを使わない手はありません。現に、私は今でもＦａｘＤＭを使って集客しています。

ところで、「なぜ、今さらＦａｘＤＭ」なのでしょうか？

私は、インターネットを否定しているわけではありません。それどころか、おおいに活用しています。インターネットはとても便利な集客ツールです。コストも安いですからね。それでも私はＦａｘＤＭを推薦し、新規開拓に使っています。

と言うのも、インターネットは日々拡大しているとは言え、まだまだ狭い世界なのです。特に会社の社長や営業責任者など、決定権を持っている人は年配の人が多いものです。40代、50代の社長が、全員メルマガやインターネットで情報収集しているわけではないのです。

つまり、インターネットで上げられる売上げは全体のほんの一部でしかありません。しかも今は、インターネット激戦時代です。みんながインターネットに集中しています。競争が激しいところで戦うのは得策ではありません。そんなときこそ、「ガラ空き」のＦａｘＤＭ市場にうまみがあります。

そして、ＦａｘＤＭのノウハウはさまざまな媒体に応用可能です。インターネットはもちろん、郵送ＤＭ、雑誌広告、新聞広告、折込チラシなどに応用可能です。

この章では、ＦａｘＤＭを使って効率よく、新規法人を開拓する方法について説明します。

FaxDMのウソ・ホント

真実とは違う情報が流れるのはよくあることです。噂というものは、ウソかホントかよくわからないから厄介です。とくに、ＦａｘＤＭについての正しい情報は多くはありません。左記のうち、正しいと思うものには○、間違っていると思うものには×をつけてください。

問題1　ＦａｘＤＭは郵送ＤＭよりも安いし反応も高い？
問題2　ＦａｘＤＭは着眼率１００％である？
問題3　ＦａｘＤＭはどんな業種、どんな商品でも新規開拓できる？
問題4　ＦａｘＤＭを３００件送信してみたら反応ゼロ。これは失敗である？
問題5　ＦａｘＤＭは同じところに何回も送るとだんだん反応が上がってくる？
問題6　今はインターネットの時代だからＦａｘＤＭはもう古い？
問題7　高額商品を扱っているのでＦａｘＤＭは使えない？
問題8　ＦａｘＤＭ会社は安ければ安いほどよい？

問題9　原稿作成はプロに任せたほうがよい？

問題10　ＦａｘＤＭを送信した後、送った会社に電話を入れたほうがよい？

いかがでしょうか？　正解はすべて×です。

ただし、誤解を生む可能性もあるので少し補足します。右の質問は、ＦａｘＤＭ会社の売り文句であったり、世間一般のＦａｘＤＭに対するイメージです。

【ＦａｘＤＭは郵送ＤＭよりも安いし反応も高い？】

単純に価格だけで比較すると、ＦａｘＤＭのほうが安いでしょう。しかし、郵送ＤＭだとカラーで送付できるし、複数枚送ることもできます。それぞれ一長一短があるので、必ずしもＦａｘＤＭのほうが優れているわけではありません。ただ、お金と手間をかけずにスピーディーに試すことができるという点では、ＦａｘＤＭはかなり有利なのは事実です。

【ＦａｘＤＭは着眼率100％である？】

たしかに、誰かはそのＦＡＸを見るでしょう。問題は、誰がそのＦａｘＤＭを見るのか？です。送り手側としては、社長や営業部長などの決定権者にＦａｘＤＭを見てもらいたいはずです。

ところが実際は、派遣社員や新入社員、受付の若い女性などの決定権のない方がＦａｘＤＭを最初に見ます。その結果、決定権者に届く前にＦａｘＤＭはゴミ箱行きです。どんなにすばらしい商品でも、相手にとってどんなに役に立つ商品でも、決定権者に届かなければ意味がありません。これでは、着眼率１００％とは言えません。

【ＦａｘＤＭはどんな業種、どんな商品でも新規開拓できる？】

ＦａｘＤＭは新規開拓の万能ツールである、というようなことを聞いたことがあるかもしれませんが、そんなことはありません。反応がよい業種、反応が高い商品、というのがあります。

たとえば、個人向けの商品をＦａｘＤＭで売るのはとても困難です。あるいは、大企業向けの商品。これもＦａｘＤＭ向きではありません。ターゲットの絶対数が少ない場合は、ＦａｘＤＭではうまくいかないケースが多いようです。

【ＦａｘＤＭを３００件送信してみたら反応ゼロ。これは失敗である？】

弊社宛の問い合わせで「ＦａｘＤＭを３００件送りたい」というお電話をいただくことが

あります。しかしオーマイガッ！　失敗確定です。送信件数が圧倒的に少なすぎます。一般的なＦａｘＤＭの反応率は０・１％以下です。私が電話コンサルティングをして、反応が5倍になったとしても０・５％です。商品やサービスにもよりますが、０・５％というのは悪い反応率ではありません。

しかし３００件の送信だと、成功なのか失敗なのかという判断すらできません。少なくとも、３０００件は送信する必要があります。ＦａｘＤＭは、３００件送るのも3万件送るのも手間はほとんど変わりません。３００件の送信だと、手間ばかりかかって儲からないという状態になるでしょう。

【ＦａｘＤＭは同じところに何回も送るとだんだん反応が上がってくる？】

テレビＣＭなどのイメージ広告であれば、そういうことがあるかもしれません。しかしＦａｘＤＭの場合、同じところに複数回送った場合、反応はしだいに下がってきます。最初に1万件にＦａｘＤＭをして、50件の反応が来たとします。その後、同じリストに2回目のＦａｘＤＭを送ると、問い合わせはその半分になります。3回目はそのまた半分。つまり、しだいに反応は悪くなっていきます。原稿を変えたり、送信間隔を空けたりすると反応はまた上がることもありますが、普通は反応は下がっていきます。

【今はインターネットの時代だからＦａｘＤＭはもう古い？】

インターネットは、たしかに優れた集客ツールです。実は、私自身もインターネットを活用して自社の見込客を集めています。ＰＰＣ広告（ヤフーやグーグルでの検索時に表示される広告）やメルマガ広告を使っています。古かろうが新しかろうが、集客できるものは何でも活用するべきです。

また、インターネットで問い合わせてくるお客さんとＦａｘＤＭで問い合わせてくるお客さんでは客層が違います。メールアドレスすら持っていない方が問い合わせてくることもあります。さらに、インターネットでは競合が激しいため、なかなか成約に結びつきにくいというデメリットもあります。

【高額商品を扱っているのでＦａｘＤＭは使えない？】

そんなことありません。逆です。高額商品のほうがうまくいきます。低価格の商品をＦａｘＤＭで売ろうとしても、うまくいかない場合が少なくありません。

たとえば、１５００円の本をＦａｘＤＭで売ろうとしても注文率は高くて０・５％程度です。これでは、コストのほうが高くなってしまいます。大阪の（株）クラワさん（http://kurawa.jp）はＦａｘＤＭで別荘地を売っています。「別荘地安いですよ。おひとついかがですか？」

なんてことは、ＦａｘＤＭには書いていません。「敷地内のゴルフコースで、まずは無料で遊んでみませんか？」というように書くとたくさんの問い合わせが来ます。そうすると、そのコースを気に入ってくれた方が別荘地を買ってくれます。実際に、この方法で別荘地が売れています。

【ＦａｘＤＭ会社は安ければ安いほどよい？】

これは、初心者にありがちな間違いです。たしかに、ＦａｘＤＭを送るだけなら安ければ安いほどいいでしょう。何度も書いていますが、普通にＦａｘＤＭを送った場合の反応率は0・1％以下です。反響を最も大きく左右するのは原稿です。同じ商品でも、原稿を変えただけで反応が10倍になることも珍しくありません。

初心者であれば、事前に原稿の書き方を勉強するか、原稿添削をしてくれる会社に依頼したほうがいいでしょう。**安い会社に頼んでもうまくいくのは、「ライティングがうまい人」か「ＦａｘＤＭ経験が豊富な人」だけ**です。それ以外は、多少コストをかけてでも、しっかりとフォロー（原稿添削や電話コンサル）してくれる会社に頼んだほうがうまくいきます。

また、どんな業界にも言えますが、安い会社には理由があるということです。ちなみに、

ＦａｘＤＭ会社で値段が安いところは、本業が別にある会社がほとんどです。本業の片手間にＦａｘＤＭ会社を運営しているため、知識や経験もそれほど豊富ではありません。

【原稿作成はプロに任せたほうがよい？】

どんな業界でも、本当のプロは数％しかいません。残りは〝自称〟プロ、つまり半分素人です。基本的に、ライターやデザイナーが作る原稿はダメな原稿がほとんどということを覚えておいてください。彼らは、きれいなデザイン、上手な文章を作るのはうまいかもしれませんが、〝集客のプロ〟ではないからです。３万円以下で原稿を作ってくれるような会社があれば、まず半分素人だと思っていいでしょう。

そんな原稿でＦａｘＤＭしてしまったらたいへんです。売れない原稿が何千件も送信されてしまいます。問い合わせなんて来るはずがありません。反応がよい原稿を作るためには、それなりの知識と経験が必要です。私自身も、ノウハウを確立するのに5年かかりました。にもかかわらず、今でも新規にＦａｘＤＭ原稿を作るときはかなりの時間と労力を使います。反応が取れる原稿を作る作業は魂を削るような作業です。ですから、原稿作成を受けるときはそれなりの金額を請求しています。

実を言うと、そんなに苦労せずによい原稿を低コストで作ってくれる人が1人だけいます。

それは、今この本を読んでいる人。そう、あなたのことです。自社商品や既存客のことを最もよく知り愛しているのは、あなた自身なのです。とは言うものの、原稿作成は難しいものです。自分で作れと言われても、そう簡単にできるものではありません。
そこで私の会社では、反応が取れるFaxDM原稿のひな型をお渡ししています。そのひな型どおりに作っていただき、それを私が添削することにより、反応が高い原稿を作ることができます。

【FaxDMを送信した後、送った会社に電話を入れたほうがよい？】

FaxDMを送った後に電話を入れると、たしかに反応は上がります。問い合わせが2倍になるケースもあります。ただし、この方法がベストかというとそうではありません。と言うのも、電話をするとコストがかなりアップするからです。
FaxDMのコストは@10〜30円。一方、テレアポのコストは@200〜300円ですから、トータルコストが10倍になってしまいます。一方で、電話を組み合わせて反応が上がるとはいえ2倍程度です。同じコストをかけるなら、FaxDMを10倍の件数送ったほうが問い合わせも10倍になるので有利です。テレアポしたほうがよいケースは「ターゲットリストが少数」、もしくは「高額商品」の場合のみです。

反応率が高い原稿の書き方

現在の、一般的なＦａｘＤＭの反応率は0・1％以下です。つまり、１０００件送って反響が1件あるかないか、というレベルです。２０００年は、反応率が1％ありましたから、10分の1以下にまで落ちたことになります。こんなご時勢ですが、実を言うと1％の反響を取ることは今でも可能です。私自身が送るＦａｘＤＭでも、しばしば1％を超える反響を取っています。では、いったいどうやっているのか？

先ほども述べましたが、ＦａｘＤＭの反響を大きく左右するのは〝原稿〟です。原稿がうまくできれば、反応が10倍になることも珍しくありません。そして、反応が高い原稿には一定のルールがあります。このルールどおりに原稿を作成すると反応が上がります。

さて、ここで質問です。次ページには私が実際に使っていたＦａｘＤＭの原稿を2枚（図1・2）載せています。どちらの反応がいいかを予想してみてください。中身を読む必要はありません。パッと見てどちらの反応がいいか考えてください。考える時間は20秒です。

【図1】パッと見てわかる原稿

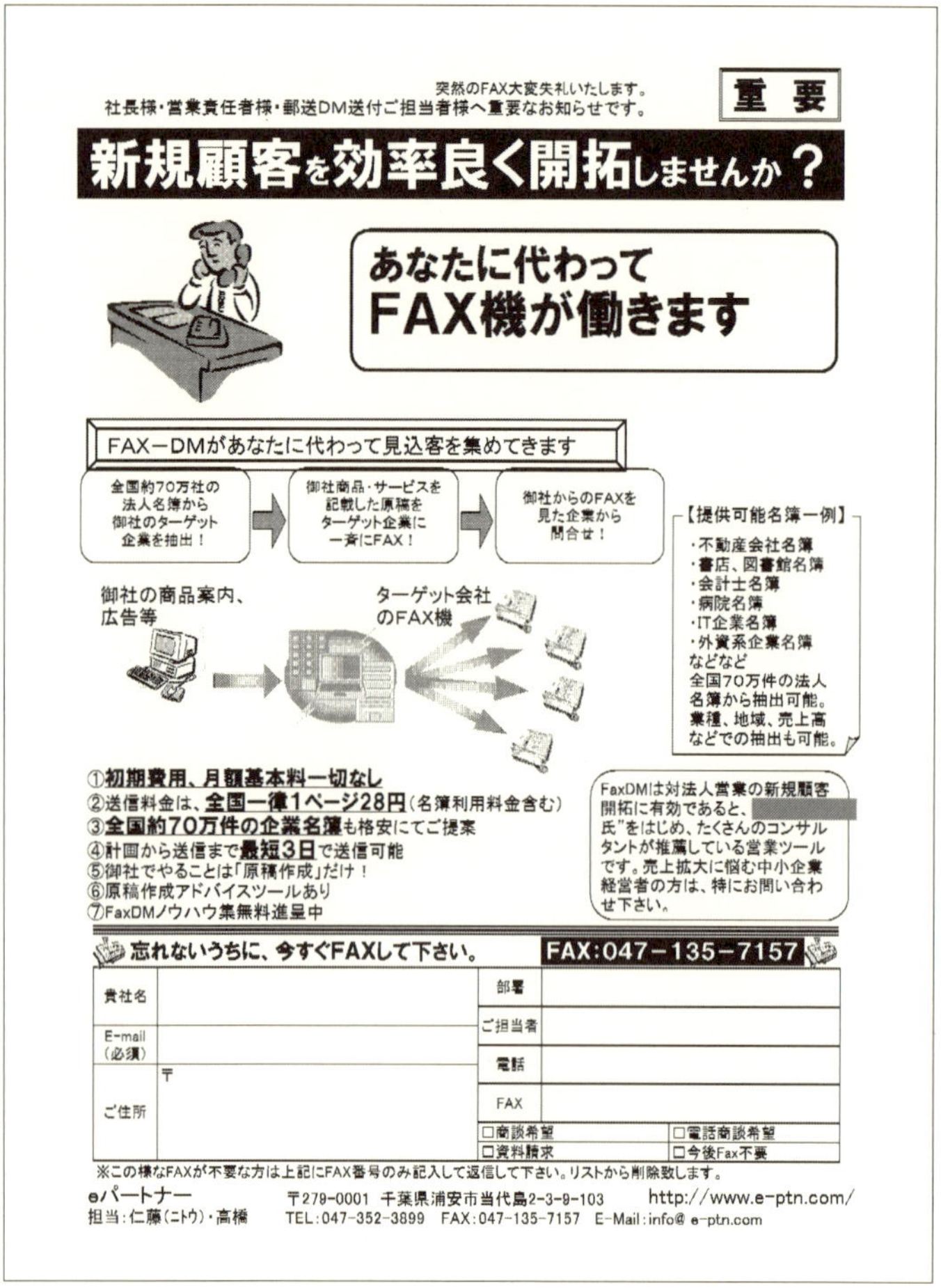

【図2】文字のみの原稿

平成[redacted]
千葉県浦安市当代島 2-3-9-103
有限会社 e パートナー
Tel 047-352-3899 Fax 047-135-7157

集客ノウハウ集　無料配布の件

いつもお世話になっております。本日は、社長様に大切なお知らせがあります。

それは『売上拡大』と『集客』についてです。もし仮に、「1ヶ月以内に売上を倍にしないと命は無い！」と誰かに脅されたら、あなたは何をしますか？ひたすら飛込み営業？1日 300 件のテレアポ？既存顧客や知り合いに、お願い営業？

申し遅れました。私は FaxDM コンサルタントの高橋と申します。法人営業法として FaxDM が有効だと言うコンサルタントは多いです。一例を挙げると、[redacted]、著名な方が自ら実践し成功した上で、メルマガ、著書などで推薦しています。私自身も、FaxDM コンサルタントとして 200 社以上の FaxDM をお手伝いさせて頂きました。その実感として、FaxDM は小予算で、かつ手間がほとんどかからないので、中小企業にとっては、かなり強力な集客ツールになると考えています。

しかしながら、FaxDM が強力な集客ツールであるにも関わらず、その効果的な使い方を知らないために、時間とコストを無駄に浪費している会社が非常に多いのが現状です。特に FaxDM の原稿作成は反響を左右する1番大きな部分です。原稿が変われば反響率が10倍くらい変わる場合も多いのです。このようなお悩みを持っている経営者様、営業責任者様は多いのではないでしょうか？そこで私の 200 社以上の FaxDM 経験を活かし、『FaxDM で集客する 10 の秘訣』としてまとめました。このノウハウ集を先着 30 社限定で特別に無料で差し上げます。FaxDM における基本的なコツを学んで頂き、もうこれ以上、時間とコストを無駄にしないで下さい。

無料ノウハウ集

FaxDMで集客するための 10 の秘訣

A4版、21ページ（非売品）

先着 30 社限定プレゼント！

なお、このノウハウ集を読んで得られるメリットは次の通りです。
①効果の高い原稿の作り方（郵送 DM や提案書、HPなど FaxDM 以外でも使えます）
②反響の良い FaxDM の送信日時
③ターゲットの設定方法
④FaxDM 原稿のタイトル設定方法
⑤効果を倍増させるオファーの方法

＜追伸＞
今までの営業方法に様々な悩みを抱えつつ、問題を先送りにしているケースは少なくないのではないでしょうか？今回のご提案は先着 30 社限定です。先延ばしにご注意下さい。お申込は簡単です。下記にご記入の上、FAX するだけです。3 分で済みます。忘れる前に、今すぐ FAX して下さい。

＝＝＝

□無料ノウハウ集送付希望（先着 30 社限定）　**FAX：047-135-7157**

貴社名		電話番号	
部署名		FAX 番号	
ご担当者		E メール	
ご住所	〒		

【お問合せ先】（有）e パートナー　Tel:047-352-3899　Fax:047-135-7157　担当：高橋 廣

前ページの【図1】と【図2】では、どちらの原稿の反応が高いと予想しましたか？【図1】は、いわゆるパッと見てわかる原稿です。図やイラストが入って、文字も大きく見やすい原稿です。

一方、【図2】はよく読まないと内容がわからない原稿です。図やイラストがなく文字だけの原稿です。

では答えです。

反応が高いのは【図2】です。つまり、文字のみの原稿のほうが反応は高いのです。【図1】の反応率は0・2％。【図2】の反応率は0・6％です。【図1】はよく見るタイプのＦａｘＤＭです。一般的にＦａｘＤＭ原稿と言うと、【図1】のタイプを見ることが多いでしょう。つまり、パッと見て「ＦａｘＤＭだ」とすぐにわかります。

ここであなたに質問です。あなたの会社に届くＦＡＸを最初に見るのは誰でしょうか？あなた自身ですか？　それとも受付や総務などの方でしょうか？

従業員が数人の会社でも、ＦＡＸを最初に見るのは社長ではありません。たいてい、受付の女性や総務の若い人や新入社員など、決定権のない人が最初にＦａｘＤＭを見ます。そのとき、パッと見て「ＦａｘＤＭだ」とわかる原稿が届いていたらどうでしょうか？

そう。すぐにゴミ箱行きです。

なぜなら、多くの会社で社長や上司は「売り込み電話は取り次ぐな」と部下に指示しているからです。

売り込みＦＡＸも同様です。パッと見て売り込みだとわかるＦａｘＤＭを、社長や上司に渡すと怒られてしまいます。その結果、決定権者に届くことなくＦａｘＤＭは捨てられてしまうのです。どんなにすばらしい商品でも、またどれほど相手のためになる商品でも、決定権者に読んでもらわないと意味がないのです。

一方、【図2】はＦａｘＤＭっぽくありません。図やイラストもなくビジネス文書風なので、取引先からのＦＡＸなのか？　所属団体からの業務連絡なのか？　パッと見ただけでは判断できません。また、売り込みっぽくもありません。【図2】のようなＦＡＸをゴミ箱に捨てるのはちょっとまずいかな？　と感じます。その結果、社長や上司に渡してくれるのです。つまり、**ＦａｘＤＭはＦａｘＤＭだとバレてはダメなのです。**

何度もテストした結果、【図2】のようなビジネス文書風の原稿は、一般的なＦａｘＤＭの

２倍の反応が取れることがわかりました。同じ商品、同じ宣伝文句をビジネス文書風にしただけで反応が２倍になるのです。

「FaxDMは、FaxDMだとバレないようにする」

このノウハウは、何もＦａｘＤＭに限ったことではありません。広告の場合は、「広告だとバレないようにする」と反応が上がります。これはあらゆる広告で応用可能です。

たとえば新聞広告。新聞広告は縦書きだと反応が上がります。なぜなら新聞記事は縦書き、広告は横書きが多いからです。新聞広告を縦書きにすると、記事の一部のようにも見えるため反応が上がります。

郵送ＤＭでも、茶封筒に切手を貼って宛名を手書きにすると反応が上がります。ＤＭっぽくないからです。ほとんどの郵送ＤＭが開封前に捨てられるのは、見た目がモロにＤＭだからです。

雑誌広告でも同じです。記事広告にすると反応が上がります。

広告は、広告だとバレないようにする。これは、ものすごく強力なノウハウなので、広告を出すときに使ってみてください。

お客さんが思わず問い合わせたくなる「オファー」とは？

「初めまして。この商品はすばらしいので、ぜひ契約してください」という営業マンがいたとしたら、多分その人はダメな営業マンです。しかしＦａｘＤＭでは、これをやる人が意外に多いのです。ＦａｘＤＭでは、商品を売ろうとしてはいけません。ＦａｘＤＭには、得意なことと苦手なことがあります。

得意なことは「見込客を探すこと」です。苦手なことは「成約すること」です。つまり、ＦａｘＤＭ1枚で契約までできるほど甘くはないのです。ＦａｘＤＭの得意なことは見込客集めです。見込客であれば、100件でも1000件でも集めることができます。

では、どうやって見込客を集めるのか？

ここで重要になってくるのが〝オファー〟と呼ばれるものです。オファーとは、「相手にメリットがある提案」のことです。つまり、**相手が思わず問い合わせたくなるものを無料（あるいは格安）でプレゼントするのです。**

ＦａｘＤＭに限らず、広告で効率よく見込客を集めるためには、オファーが重要になります。

しかし、ここでひとつだけ注意点があります。オファーは自社商品と関係があるものにする、ということです。

よくある間違いとしては、「先着10名様に東京ディズニーランドチケットプレゼント」というように、自社商品とまったく関係がないものをオファーにしてしまうことです。このオファーで問い合わせてくる人はどういう人か？　もちろん、東京ディズニーランドにタダで行きたい人です。ですから、オファーを考える場合は、必ずあなたの商品と関係があるものにしましょう。

有効なオファーとして代表的なものは、「無料小冊子」、「無料ノウハウ集」、「無料成功事例集」、「無料CD」、「無料DVD」、「無料お試し」、「無料セミナー」などの「無料の○○」です。価値あるものを無料で配ると、多くの方が問い合わせてきます。オファーは無料がベストですが、格安でも構いません。いずれにせよ、「お得だな」と思わせるようにします。

オファーを作る場合は、**価値あるものを無料にすることが重要です。**無料のものを無料で配っても問い合わせは増えません。たとえば、見積りは無料が当たり前です。「無料見積りします」と書いても、問い合わせは増えません。「資料無料送付」も同じです。資料送付は無料が当たり前です。価値あるものを無料で提供するからこそ、問い合わせが増えるのです。

オファーの事例

ではどんなオファーが有効なのか？　実例を挙げていきましょう。

1　私の会社（Ｆａ×ＤＭ会社　http://www.e-ptn.com）の場合
オファー……Ｆａ×ＤＭで集客するノウハウ集プレゼント
ノウハウ集請求者が、一定の割合で弊社サービスを利用したり教材を購入してくれる

2　（株）クラワ（ゴルフリゾート別荘地販売会社。http://www.kurawa.jp）
オファー……ゴルフ無料プレイチケットプレゼント
問い合わせてきたゴルフ好きに対して、ゴルフ場ど真ん中の別荘地を勧める

3　ラーニングエッジ（株）（セミナーポータルサイト運営。http://www.seminars.jp）
オファー……集客ノウハウを教える無料セミナーご招待
通常70万円のセミナーのノウハウが無料。参加者の一部が有料セミナーに申し込む

4　新井社会保険労務士事務所（社会保険労務士。助成金アドバイザー。045-831-3

559）

オファー……助成金活用のための無料セミナーご招待

無料セミナー参加者が、一定の割合で助成金申請代行を依頼してくれる

5　ヤマギシデザイン事務所（設計事務所。http://www.yamagishi-tatsuya.net）

オファー……店舗リニューアル成功事例集プレゼント

事例集請求者は、近々リニューアルを考えている人が多い

6　（株）エコップ（紫外線カット窓ガラスコーティング会社。http://www.ecop.jp）

オファー……施設の一部をお試しとして無料工事

無料工事に満足した人が施設全体の工事を依頼してくれる

以上のような感じで、相手がほしがりそうなオファーを考えてみてください。

今すぐ契約してくれそうなお客さんを探すのではなく、**自分の見込客となり得る可能性がある人を探す**ようにしてください。

〝今すぐ客〟を狙ってはいけません。〝今すぐ客〟とは、すぐに契約してくれる可能性が高いお客さんのことです。営業マンなら、こういうお客さんだけを追いかけたくなります。契約まで短期間ですむからです。

また世の中のほとんどの広告は、今すぐ客だけを狙っています。今すぐ客を狙って、「この商品はとてもすばらしいので買ってください。注文はこちら」と書かれた広告をよく見かけます。

しかし実を言うと、こういうタイプの広告（即注文を取るための広告＝ワンステップ広告）は反応がかなり低いのです。ＦａｘＤＭでも同じです。「無料の○○」ではなく、即注文を取るためのＦａｘＤＭは、前者に比べると反応が10分の1になります。

ＦａｘＤＭで有効なのはツーステップ広告です。ツーステップ広告とは、まず相手の興味を惹くためのオファーを出す広告です。無料小冊子とか無料セミナーなどの「無料の○○」をオファーにして、興味がある人を集める広告です。

ツーステップだと、なかなか売上げにならないのでは？　そんな声が聞こえてきそうですが、ツーステップのほうが、ワンステップ以上の売上げを上げることが多いのです。と言うのも、問い合わせてくる人の中には今すぐ客も含まれています。成約率は10～20％くらいいくケースが多いようです。多少まどろっこしく感じるかもしれませんが、**「無料の○○」が最も短期間で確実に利益が出る方法なのです。**

あなたは無意識にお客さんの問い合わせを妨げている

先日、私は実家の福岡に帰省するため、ある旅行代理店のホームページを見ていました。値段も安かったので、その代理店で飛行機のチケットを購入するために電話をしました。すると、先方からは意外な答えが返ってきました。「当店では、お電話での問い合わせは受けておりません」

私「えっ？　じゃあ、どうすればいいんですか？」

代理店「ホームページからお問い合わせください」

私「空席状況などは教えてもらえないのですか？」

代理店「すみません。ホームページから問い合わせていただいたらお調べします」

そこで、しかたなくホームページの問い合わせページを記入していると、記入欄がやたら多い。それでも、何とか記入を終えて送信ボタンを押すと「エラー」の表示。エラー箇所だけを記入し直そうとしたら、なぜか記入ずみのところまで、すべて空欄に戻ってしまいました。「ムキー！」かなりのイライラ状態です。

結局私は、他の旅行代理店で申し込みました。あなたもこういう経験はありませんか？

・問い合わせようとしたら、問い合わせ方法が面倒くさい
・問い合わせようと思ったのに、電話番号が書かれていない
・問い合わせようと思ったら営業時間外だった

この事例は、何もこの旅行代理店に限ったことではありません。多くの会社で、お客さんからの問い合わせを妨げるようなことをしています。あなたの会社ではどうでしょうか？思い当たることはありませんか？

もちろん、意識的にお客さんからの問い合わせを妨げているわけではありません。しかし、**無意識のうちにお客さんからの問い合わせを妨げているのです。**先ほどの旅行代理店の場合でも、お客さんだったらすぐに気がつくはずなのに、売り手の側からするとなかなか見えていないものなのです。あなたの会社でも、あなたが気づいていないところで、お客さんからの問い合わせを妨げている可能性があります。

これは、ＦａｘＤＭでも同じです。問い合わせを数多く得たいなら、お客さんからの問い合わせを邪魔してはいけません。でも、無意識にやっちゃうんですね。

以前、私のクライアントがＦａｘＤＭをしたときの事例をご紹介します。その会社では最初、ＦａｘＤＭ原稿に次のように書いていました。

「問い合わせは今すぐお電話で。電話受付は平日9：30～18：00まで」

問い合わせる側からすると、制約が多過ぎます。「電話はめんどうくさい」、「問い合わせたら売り込まれそうで嫌だ」、「問い合わせようと思ったら時間外だった」などなど……。

一方、同じ商品をＦａｘでも問い合わせ可能にしたところ、問い合わせは2・5倍になりました。電話だけでなく、Ｆａｘでも問い合わせ可能にしたら反応が上がったのです。

お客さんからの問い合わせがほしいのであれば、お客さんが問い合わせしやすくするべきです。たとえば、「無料コンサル」よりも「無料セミナー」のほうが問い合わせしやすくはないでしょうか？「無料見積り」より、「無料小冊子プレゼント」のほうが問い合わせやすくありませんか？ 電話はもちろん、Ｆａｘやメールでも問い合わせ可能のほうがいいのです。「返品可能」にすると注文が増えます。また、「こちらからはしつこい営業はいたしません」と書くと、さらに問い合わせは増えます。

実は、問い合わせる側は怖いのです。「売り込まれるかも……」、「変な会社かも……」と、問い合わせを躊躇するのが普通です。ですから、相手が問い合わせしやすいように、問い合わせの障害になるものはすべて取り除くようにしてください。

失敗せずにFaxDMする方法

「成功の反対」は何か、あなたはご存知ですか？
失敗？　違います。
「成功の反対」は「何もしないこと」です。失敗は成功の過程に過ぎません。ビジネスでは、9回失敗しても1回成功すれば利益が出ます。つまり9回失敗したのではなく、9回調査して9歩分成功に近づいたということです。

ＦａｘＤＭも同じです。初回のＦａｘＤＭでガンガン集客できればいいのですが、うまくいかないことも少なくありません。しかし、安心してください。失敗を最小限に抑えて、成功を最大限にする方法があります。

それは、「小さくテストをする」ということです。たとえば、1万件にＦａｘＤＭを送るのであれば、1万件に一度に送ってはいけません。私がお勧めしている方法は「原稿を2パターン作って１５００件ずつ送る」というやり方です。

つまり、1万件のうち、最初は3000件だけ送信します。2パターン原稿を作ると、意外な結果になることも少なくありません。原稿Aは問い合わせ10件だけど、原稿Bは問い合わせ2件ということもよくあります。この場合は原稿Aのみを、残り7000件のリストに対して送信します。1500件の送信で10件の問い合わせが来た原稿ですから、反応率は0・67％です。7000件にFAXしたら、47件くらいの問い合わせが来ることが予想できます。失敗しようがありません。

では、原稿2パターン送信して、両方とも反応が悪かったらどうするか？　その場合は再度2パターン作成してください。利益が出せる原稿ができたとき、初めて多めに送る許可が出た、と考えるといいでしょう。

ただし、「小さくテストする」と言っても多少のお金は必要です。FａxDMであれば、1原稿につき1500件は送信したほうがいいでしょう。統計学的にはこれでも少ないくらいですが、ある程度の反応の違いがわかります。

ちなみに、私の会社で3000件FａxDMする場合の金額は約8万円です。つまり、8万円を使ってテストをしてみるという意味です。8万円は、個人的に使うとしたら大きな金額と感じるかもしれません。しかし、ビジネスにおいて8万円は必要経費なのです。
そして、仮に8万円を投資してFaxDMをしたとしても、利益0円ということはあまりありません。たいていは、いくらかの利益が出ます。3万円とか5万円とか、場合によっては50万円の利益が出ることもあります。投資した8万円よりも大きな利益が出たら、後はFaxDMを繰り返すだけです。もし損をしたのであれば、FaxDMをやめるか修正して再度トライすることになります。

これは何も、FaxDMに限ったことではありません。すべての広告は「最初は小さくテストする」のが基本です。最初のテストでうまくいくまで、大きな予算をかけてはいけません。この方法を徹底する限り、広告で失敗することはありません。
以下に、小社で取り扱わせていただいたFaxDMの事例をいくつかご紹介しておきます。

FaxDM事例①

社名：ラーニングエッジ（株）　http://www.seminars.jp
業種：セミナーポータル会社。日本で開催されるあらゆるセミナー情報をサイト上に掲載。
また世界中の有名講師によるセミナーを主催。

内容：定価36万円のセミナーに出席してもらうために無料セミナーを開催。
業種ごとに原稿を少しだけ変えてあらゆる業種に送信。原稿は治療院向け原稿。
結果：ＦＡＸ着信件数４９７４件。無料セミナー申込24件。反応率０・48％。
最終的に10万件以上ＦａｘＤＭを送信し、４４１件の無料セミナー申し込み。

ＦａｘＤＭ事例②
社名：スターティア（株）　http://www.startia.co.jp
業種：ＩＰ電話、ビジネスフォン、ネットワーク構築、レンタルサーバー、オフィス移転一括代行など、オフィスに関わるあらゆるサービスを網羅。
内容：電子ブック作成ソフトを販売するために、機能を限定したデモ版無料ソフトを配付。ターゲットは印刷会社
結果：ＦＡＸ着信件数１６７９４件。無料ソフト申込１３０件。反応率０・77％。

ＦａｘＤＭ事例③
社名：ダイレクト出版（株）　http://www.d-publishing.jp/
業種：海外のビジネスノウハウ教材販売。インターネットノウハウ、投資ノウハウなどの情

報ビジネス、情報商材販売会社。

内容：有名コンサルタントの月刊ＣＤ教材を販売するためにサンプルＣＤを配付。ターゲットは社会保険労務士。

結果：ＦＡＸ着信件数２０４２件。無料ＣＤ申込14件。反応率０・69％。

ＦａｘＤＭ事例④

社名：(株）ジャパンパーソナルコンピュータ　http://www.japanpc.co.jp

業種：オリジナル業務管理システム開発。業界向けパッケージソフト販売。ホームページ作成。コンピュータの環境整備（保守、設定）など。

内容：マスコミ向けプレスリリース。在宅勤務で、女性が働きやすい職場ということをマスコミにアピール。

結果：ＦＡＸ着信件数１１８４件。日経新聞、神奈川新聞、ジャパンタイムズ紙に記事掲載。

FaxDM 事例①

※治療院様への重要なお知らせです。
必ず院長先生にお渡し下さい。

東京都渋谷区代々木 2-16-1
ラーニングエッジ株式会社
Tel 03-5721-7324　Fax 03-6368-5728

あなたの治療院の患者さんを倍増させるノウハウセミナー（無料）のお知らせ

総務省統計局の調査によると平成 16 年の治療院の数は 65,411 件だそうです。5年前よりも 6,771 件も増えています。しかしながら、患者さんの数はそれほど増えていません。その結果、治療院の売上は平均 43 万円も低下しています。あなたのお近くでも新規にオープンした治療院があるのではないでしょうか？しかもツライことに治療院の増加は今後も続く予定です。今後の治療院経営はますます苦しくなると予想されます。

ところで、先生の病院では、患者さんを増やすための努力を今年に入っていくつしましたか？
もし、「何もしていない」としたら、数年の内に、ジリ貧になる可能性もあります・・・。

申し遅れました。私はラーニングエッジ(株)の中村と申します。経営者向けのセミナーを開催している会社です。ビジネス先進国アメリカには、コンサル料金1日600万円を取るコンサルタントがいます。彼の名前は、「ジェイ・エイブラハム」。世界No1コンサルタントとして有名です。主な著書に「お金をかけずにお金を稼ぐ方法」があります。彼が書いた1500円の本は、品不足で一時期3万円！で取引されていたほどです。

ジェイの顧問先は、シティバンク、IBM、川崎モーターズなどの大企業だけではありません。治療院をはじめ470業種、12000社のクライアントがいます。今回、彼のノウハウのギュッと2時間に凝縮したセミナーを開催することにしました。

あなたがこのセミナーで学ぶことが出来ることは
1、お客様があなたの治療院に通わないシンプルな理由とは？
2、儲かっている治療院と儲かっていない治療院のわずかな違いとは？
3、あなたの治療院でも明日から使える、売上を上げる為に必要なたった3つの要素とは？
4、患者さんの数を変えずに、さらに大きな売上を生み出す方法とは？

※セミナー講師はジェイのビジネスパートナー、鳥内浩一氏他3名です。

はっきり言って書ききれません。あなたは参加するだけで、世界No1コンサルタントの売上倍増ノウハウが学べるのです。今回のセミナーの講師、弊社の鳥内はジェイのビジネスパートナーで、自社売上を2年間で20倍にした実績を持っています。

驚かないで下さい。今回の「世界No1コンサルタントのノウハウが2時間で学べるセミナー」は無料です。
それどころかセミナー参加者にはジェイのノウハウが凝縮された1時間のセミナーCDをプレゼントします。
さらに、セミナーの参加者にはジェイのセミナーに格安で参加できる権利もお渡しします。

なぜ、私は無料でセミナーを開催するのか？理由は2つあります。1つは、純粋にジェイのことを知って欲しいから。弊社はジェイのノウハウで売上を20倍にしました。このノウハウをみんなに知ってもらいたいのです。もう1つの理由は私のビジネスのためです。ジェイのノウハウを知ってしまったら、あなたは今度は直接ジェイからノウハウを聞きたくなるでしょう。3月には弊社主催でジェイの有料セミナーを開催します。今回のセミナーに満足頂けたら、有料セミナーにも参加したくなると考えています。
＜追伸＞
今回のセミナー（会場：新宿）は各日**20名限定**です。無料ですので1円もかかりません。またこちらからしつこく営業することもありません。なお、このFAXは治療院はじめ関東5万件の法人に送信しています。忘れる前に今すぐFAXして下さい。

↓チェック ☑ してFAXして下さい。　**24 時間受付 FAX ： 03-6368-5728**

□無料セミナー参加希望　※希望日時に○を→3/9(月)19:00～21:30、3/10(火)13:00～15:30、19:00～21:30
□今後FAX不要　※会場：新宿駅南口歩2分（地図は後でFAXします）　代々木2-7-7ヒューマックス南新宿ビル7F

貴社名		部署		参加人数
E-mail	※記入された方には秘密の特典があります	ご担当者		人
ご住所	〒	電話		
		FAX		

【お問合せ先】ラーニングエッジ株式会社　Tel 03-5721-7324　Fax 03-6368-5728　0303-E3CDR
※弊社は経営者・起業家向けのセミナー会社として日本一の実績を持っています。マスコミ掲載履歴としては、日本テレビ「まーけっとNavi」、日経新聞、週刊ダイヤモンド、読売ウィークリー、日経産業新聞など多数あります。

FaxDM 事例②

※カタログや冊子などを印刷したことがある
印刷会社様への重要なお知らせです。

この書類は必ず社長様に渡して下さい。

東京都新宿区西新宿1-14-11　日廣ビル2F
スターティア株式会社（東証マザーズ上場）
Tel 03-5339-2105 Fax 03-6368-5728
（大阪支社、福岡支店も有り）

「印刷会社」売上アップツール　無料配布のお知らせ

いつもお世話になっております。本日は、印刷会社経営者様に大切なお知らせがあります。

印刷業界の売上は毎年縮小しています。

財務省が発表した「法人企業統計調査」によると昨年度（2007年度）の印刷業界全体の売上は約１１兆円でした。

１０年前（1997年度）は約２１兆円でしたので、わずか１０年で市場が半減したことになります。


「活字離れ」「インターネットの普及」など、原因は色々ありますが、重要なのは、ただ１つ。

印刷業界はこれからも縮小し続けるということ。

そして、それに対して何の手も打たない会社は倒産するということです。


ここで印刷会社の社長様に、良いお知らせと悪いお知らせがあります。


まずは悪いお知らせから。

ほとんどの印刷会社は（多分あなたの会社も）ほぼ確実に売上が減少するということ。例え、社長の実力がどんなにあったとしても、です。先ほどのデータが示すように、印刷業界はこれからも市場が縮小し続けます。つまり下りのエスカレーターに乗っているようなもの。このままでは苦しいままなのです。


次に良いお知らせ。

印刷業界そのものの市場は縮小しているが、電子ブックという市場が年々増加しているということ。そして、本業の印刷の売上が下がっても、電子ブックの売上でそれをカバーしている印刷会社もある、ということ。


ある印刷会社では、印刷物を納品するだけでなく、電子ブックも納品することにより売上増になりました。

別の印刷会社では、お客さんの商品カタログの電子ブック化を勧めたら、同時にＨＰ修正も受注しました。


弊社は、印刷物を簡単に電子ブックに変換できるソフトを販売している上場企業（東証マザーズ 3393）です。

既に３００社を超える印刷会社、出版社さんが、弊社の電子ブック作成ソフトを利用しています。

つまり、あなたの同業者が電子ブックでどうやって売上を上げているのか知っているのです。


とは言うものの、電子ブックを使ってどうやって売上を上げるのか想像がつかない方も多いと思います。

そこで今回、先着３０社の印刷会社限定で、弊社の電子ブック作成ソフト（デモ版ＣＤソフト）を無料で差し上げることにしました。このソフトを使えば御社のパソコンで簡単に電子ブックを作れるようになります。

また、ご希望があれ他の印刷会社での成功事例を紹介することも可能です。ただし今回ご用意したＣＤは３０枚のみです。気になる方は今すぐこのＦＡＸをご返信下さい。

追伸
今回の提案は完全に無料です。電子ブックを利用して印刷会社が売上を上げるノウハウも学べます。あなたにリスクはありません。後で・・・ではなく、今すぐＦＡＸして下さい。なおこちらからしつこい営業などは致しません。

↓チェックして返信して下さい。　**24 時間受付 FAX ： 03−6368−5728**

□電子ブック作成ソフト デモ版CD 送付希望（無料。先着30社）　□資料請求希望　□今後FAX不要

貴社名		部署	
E-mail		ご担当者	
ご住所	〒	電話	
		FAX	

【お問合せ先】スターティア（株）（東証マザーズ上場）Tel 03-5339-2105 Fax 03-6368-5728　担[redacted]
弊社は電子ブック作成ソフト販売、通信費削減提案、IP電話、レンタルサーバーなどを提供している会社です。　0918B
1996年設立。2005年に東証マザーズに上場し、現在では全国24，000社以上の会社様と取引させて頂いております。
東京本社他、大阪支社、福岡支店で営業活動しております。

FaxDM事例③

※社労士の先生への重要なお知らせです。
必ず代表の方にお渡し下さい。

大阪市中央区博労町１－６－９－４０２
ダイレクト出版株式会社
Tel 06-6268-0850　Fax 0120-553-999

ＴＶで活躍中の有名経営コンサルタント「ジェームス・スキナー氏」の

２枚組ＣＤ「でっかい会社を作る９ステップ」無料配布のお知らせ

事務所を大きくして今よりも利益を上げたい社労士の先生へのお知らせです。
ＴＶでも活躍中の有名経営コンサルタント「ジェームス・スキナー氏」のＣＤが無料で手に入ります。

ジェームスは世界１５００万部のベストセラー「７つの習慣」を日本に紹介した人物です。
また「ビートたけしのＴＶタックル」「ＮＨＫニュース」をはじめ様々なＴＶに出演しています。
講演活動としては、「ゴルバチョフ氏（元ソ連書記長）」「アル・ゴア氏（元米副大統領）」「ロバート・キヨサキ氏（『金持ち父さん貧乏父さん』著者）」「竹村健一氏（評論家）」などと共に講演しています。

ジェームスは今まで、経営コンサルタントとして１００社以上の大企業や政府機関を指導し、自分自身でも３０社以上の会社の経営をやってきた、正真正銘のビジネスのプロです。彼はまた、ほかの人の成功をサポートすべく、彼自身が確立した成功法則（成功の９ステップ）を、セミナーや書籍、講演などを通じて、多くの人に広める活動を積極的に行っています。実際、たくさんの著名人が、ジェームスの影響を受けて成功しています。

今回はそのジェームスの成功法則ノウハウの１つである「でっかい会社を作る９ステップ」のＣＤを無料でプレゼントすることにしました。

無料CD

でっかい会社を作る
9ステップ

CD2枚　1時間55分
（申込期限12／25まで）

あなたがこのＣＤから得られる情報は
１、３０社以上の会社を作ることを可能にした、たった１つの秘訣とは？
２、自分のお金を使わずに、最初から大きなビジネスをする方法とは？
３、経営者として絶対やってはいけないこととは？
４、そのビジネスが成功するかどうかを事前に知る方法とは？
５、あなたの会社を大きくするための９つのステップ　　　などなど。

なぜ私はコストのかかるＣＤを無料で配布するのか？理由は２つあります。
１つはジェームスの成功法則を世間に広めたいからです。私もジェームスから学び人生が変わった１人なのです。
２つ目は私のビジネスの為です。ジェームスのＣＤを聞いてしまったら、あなたはもっとジェームスのノウハウを学びたくなるでしょう。結果的にあなたは、ジェームスの有料版マンスリーＣＤ（月３９７０円）を定期購入してくれると期待しています。今回のＣＤは無料です。あなたにリスクはありません。

無料ＣＤの申し込みは簡単です。**下記に「メールアドレス」と「お名前」を記入してＦＡＸするだけです。すぐに詳しい申込方法が書いたメールをお送りします。**
なお右記のサイトでもお申込可能です　→　**http://www.FreeGift.jp/12BB**
（フリーギフト.ジェイピー/イチニビービー）

＜追伸１＞
今までの事務所経営に様々な悩みを抱えつつ、問題を先送りにしているケースは少なくないのではないでしょうか？問題の先送りは何の解決にもなりません。申込期限は１２／２５です。気になる方は今すぐＦＡＸして下さい。
＜追伸２＞
無料ＣＤが在庫切れの場合はご容赦下さい。このＦＡＸは全国５０００件の社労士事務所に送信しております。なくなる前に今すぐＦＡＸで返信して下さい。ＣＤは無料ですのであなたにリスクはありません。

□ジェームススキナー無料CD　詳細情報希望　　□今後FAX不要　　**FAX:0120-553-999**

お名前		Ｅメール（携帯メール不可）	

【お問合せ先】ダイレクト出版株式会社　Tel 06-6268-0850　Fax 0120-553-999　担当：寺本隆裕
※弊社はアメリカの最先端ビジネスノウハウやインターネットノウハウを日本に紹介している会社です。既に１万人以上の経営者、起業家が弊社のノウハウを勉強しています。　**http://www.FreeGift.jp/12BB**

FaxDM 事例④

プレスリリース
社会面・生活面　ご担当者様

2006 年 7 月 27 日
発信元:(株)ジャパンパーソナルコンピュータ
神奈川県横浜市港南区上大岡東 1-13-17
TEL:045-847-4600(直通)　FAX:045-847-2770
担当:林　佐知子　hayashi@japanpc.co.jp

子育てママ　在宅勤務で即戦力復帰

主婦の在宅勤務といえば、ハガキの宛名書き、小物作成、データ入力など「単純作業」を思い浮かべることが多い。ところがこの在宅勤務に変化が起こっている。結婚、出産により退職した専門知識を持つ女性が、在宅で「頭脳労働」をするケースが出てきた。内勤が多いシステムエンジニアなどはその典型。在宅勤務で子育てしながら即戦力復帰するケースが増えている。

横浜市の山本菜穂さん(29)は結婚を期に5年前に大手システム会社を退職。3人の子供(2歳の双子と1歳、男の子3人)を育てながら、システムエンジニアとしての社会復帰を狙っていた。しかしながら、現在日本では、慢性的システムエンジニア不足にも関わらず、小さな子供を持つ母親が働けるシステム会社はほとんどない。優秀な人材であっても結婚、出産となると退職せざるをえないのが現状だ。そして一旦退職してしまうと、再就職は難しい。仮に再就職できたとしても、IT に代表される先端技術は進歩が早く、ブランクが致命的になることも少なくない。結果、優秀な人材が世に埋もれてしまう。

ところがそんな「子育てママ」を支援する会社もある。横浜市にあるジャパンパーソナルコンピュータ(電話 045-847-2121)は、優秀な主婦を発掘、支援している会社の一つだ。システムエンジニア8割が、在宅主婦という異色のシステム開発会社だ。山本さんも現在この会社で契約社員として働いている。単純作業と違い、システム開発を在宅専業にするのは容易ではない。教育制度の充実と週1回のミーティング兼コーチングがキーポイントだ。実際、ジャパンパーソナルコンピュータの松井社長はこう語る。「熱意や能力があるにも関わらず、結婚や出産が原因で働けない主婦は実に多い。これは社会的な損失だと思います。優秀な人材はいつでも足りないんです。だったらうちが在宅でも仕事が出来るシステムを作ろうじゃないか、と思ったのが始まりです。彼女たちの熱意、自らへの強い希望は当社にとって大きな戦力になってくれると確信していました。だから2年かけて、在宅勤務制度をより現実化させることが出来たのです。」

現在、子供を持つ母親が存分に働ける会社は少ない。現在の少子化、晩婚化の一因にもなっている。優秀な人材が結婚、出産により、家庭に埋もれてしまうのは、社会的な損失でもある。内職、在宅勤務の波は、この状況を変革できる新しい波になるかもしれない。松井社長いわく、「今後はベビーシッターや託児所、またはより充実した実務教育を受けられる状態を提供したいと考えている。3 年後には 100 名の主婦が在宅で仕事ができるようにしたい。」

松井社長のサポートのもと、山本さんは仕事も家庭も順調だ。今年 10 月には4人目の子供が生まれる予定。在宅勤務サポートの充実が少子化の歯止めとなる日も近いかもしれない。

==

マスコミご担当者様へ
労働力が常駐から在宅に向かっているのはご存知の通りです。在宅勤務というと今までは「独立したての SOHO」であったり、大企業の福利厚生という側面だけが強調されています。在宅勤務は埋もれた人材の発掘、主婦の自立という面を見落としがちです。また少子化にブレーキをかけるのは在宅勤務制度の充実とも言えます。当社ジャパンパーソナルコンピュータは子育てママを支援している会社です。実際の子育てママの撮影、会社への取材はぜひお電話下さい。FAX での返信でも受付けております。

電話(045-847-2121)あるいは FAX(045-847-2770)にて返信下さい。

貴社名:　　　　部署名:　　　　担当者:

TEL:　　　　FAX:

(株)ジャパンパーソナルコンピュータ　TEL:045-847-2121(代表)　FAX:045-847-2770　広報担当:林佐知子

2章のまとめ

■ＦａｘＤＭを使うと、新規見込客が開拓できる
■ＦａｘＤＭを文字だけにすると反応が高くなる
■広告は、広告だとバレないほうが反応が高くなる
■相手が飛びついてくる提案（オファー）をすることが重要
■「無料の○○」というオファーが有効
■〝今すぐ客〟は競合も狙っている。今すぐ客を狙わないほうがうまくいきやすい
■無意識のうちに、お客さんからの問い合わせを妨げていることがあるので注意が必要
■小さくテストしてみる
■テストがうまくいったら、うまくいった方法を繰り返す

3章

広告の反応率を高めるノウハウ

広告の反応率をどう高めるか

もし、あなたの広告の反応が2倍になったらどうなるでしょうか？

ライバル会社が10社しか集客できないとき、あなたの会社では20社集客することができます。郵送ＤＭでもＦａｘＤＭでも問い合わせ2倍、新聞広告でも、雑誌広告でも、折込チラシでも、インターネットでも……あらゆる広告で反応が2倍になったとしたら？

見込客が2倍になるため、お客さんに困ることはなくなるでしょう。

事実、私の会社で広告を出すと、反応が非常に高くなります。インターネット広告でも新聞広告でも、さらには求人広告でも、他社の数倍の問い合わせを得ています。ＦａｘＤＭの反応を上げるノウハウがあるように、広告の反応を高めるノウハウもあります。広告ノウハウさえあれば、もはや集客に困ることはなくなります。集客さえきちんとできれば、会社から一歩も出ずに売上げを上げることができるようになります。

では、「広告の反応が高い業界」、「反応が高いエリア」を説明していきましょう。
※この章は主に、BtoB（対法人ビジネス）で広告を使って集客するノウハウです。

広告の反応が高い業界

ターゲットが法人の場合、広告の反応が高い業界があります。その業界向けに広告を出すと、通常の2倍とか3倍の問い合わせが来る業界です。そのような業界を知っておくと、集客がとても楽になります。売上げに困ったら、まずは反応が高い業界を攻めればいいからです。

一番最初に攻めるべき業界は、「歯科医院」、「治療院（整体、整骨、鍼灸、マッサージ）」、「社会保険労務士」、「行政書士」などです。これらの業界はとても反応がいいのです。もし、あなたの商品が彼らをターゲットにできるのであれば、真っ先に売り込みを考えてください。

二番目に攻めるべき業界は「飲食店」、「美容院」、「保険（代理店含む）」、「建設業」、「運送業」などです。最初のグループほどではありませんが、かなり高い反応率が得られます。

実を言うと、この2つのグループには共通していることがあります。何だかわかるでしょうか？　それは、どちらも「厳しい業界（不況業界）」ということです。

たとえば歯科医院。歯科医院の数は、現在6万件を超えています。コンビニが約4万件ですから、コンビニよりも歯科医院のほうが多いことになります。それほど、歯科医院は競争が激しい業界なのです。治療院も同様です。治療院の件数も全国で6万件超で、この業界も厳しいのです。社会保険労務士や行政書士は、試験が難しいわりには仕事が少ないため、これも苦しい業界と言えます。また飲食店は、参入障壁が低い（＝誰でも開業できる）ために競争が激しい業界の典型です。

つまり、競争が激しく業界全体が苦しんでいるところは、広告に対する反応率が高いのです。これらの業界以外にも不況業界を探してみてください。あなただけの金脈が発見できるかもしれません。

広告の反応が高いエリア

また同様に広告に対する反応が高いエリアというものがあります。広告を出すなら、反応が高いエリアから出したいですよね？

ではまず、〝反応が低いエリア〟からお教えしましょう。反応が低いエリアとは、ズバリ「東京23区」と「大阪市」です。このエリアは反応が低いので、なるべく広告は出さないようにしましょう（地域密着ビジネスを除く）。

逆に、〝反応が高いエリア〟は、いわゆる「田舎」です。田舎は反応が高いためお勧めです。東京23区や大阪市には数多くの会社があります。数多くの会社があるということは、ライバル会社も多いということです。ライバル会社が多いと当然、広告の反応率が下がります。23区で広告を出すより、埼玉県や神奈川県などの周辺部に広告を出したほうがうまくいきやすいでしょう。

また、広告の反応が高いエリアはもうひとつあります。それは地元です。広告主の地元は反応が高いのです。問い合わせる側も、「近いから問い合わせてみよう」、「遠いから問い合わせるのはやめよう」と考えているようです。これは、地域密着ビジネスでなくてもあてはまります。訪問が必要な業種だろうが、訪問が不要だろうが、なぜか地元の反応率は高いのです。

ですから、広告を出すときは地元に出すと有利です。その場合は、自社の住所を目立つところに記載するようにしましょう。では、自社が23区内にあったらどうするか？　23区は反応が悪いエリアですが、地元は反応が高いため、マイナスとプラスが打ち消し合います。ただ、マイナスの要素のほうが強いため、23区のみに広告を出すというのはやめたほうがいいでしょう。

ＦａｘＤＭのノウハウはいろいろ応用できる

ノウハウは、原理原則を押さえておくと、さまざまなことに応用することができます。

２章でＦａｘＤＭについてのノウハウを述べましたが、その内容は基本的には広告全般で使うことができます。復習を兼ねて、広告の反応を上げるノウハウを書きます。

１　広告は、広告であることがバレないようにするのがベター
２　〝今すぐ客〟を狙わない（オファーを入れて、ツーステップ広告にする）
３　小さくテストをする
４　問い合わせを妨げないようにする

１　広告は広告だとバレないようにするのがベター

ＤＭなら、ＤＭだとバレないようにしましょう。茶封筒に切手を貼って手書きの宛名にするとＤＭには見えません。そのため反応率が上がります。雑誌や新聞広告なら、本文と同じ

ような文字遣いにするといいでしょう。また記事広告は反応が高くなります。

2　〝今すぐ客〟を狙わない（オファーを入れて、ツーステップ広告にする）

今すぐ客を狙うと反応が低くなります。重要なのはオファー（相手にメリットのある「無料小冊子」や「無料セミナー」など）です。広告において、最も反応を左右する項目と言ってもいいでしょう。相手が、思わず飛びついてくるような魅力的なオファーを出して見込客を集めましょう。集まった見込客のうち、5～20％が今すぐ客となります。これらをきちんとフォローをすれば、成約率は倍になります。

3　小さくテストをする

初めての広告では、大きなお金をかけるべきではありません。最初はどれくらいの問い合わせが来るか、なかなか読めないものです。複数のパターンのオファーや原稿を作ってテストしてみてください。反応が取れるようになるまでは、大きな予算をかけてはいけません。

4　問い合わせを妨げないようにする

問い合わせに関する相手のリスクを取り除きます。「電話で」よりも、「ＦＡＸ（あるいはメール)」のほうが、気楽に問い合わせができます。また、「有料」よりも「無料」のほうが、問い合わせる側としてはリスクがありません。つまり、問い合わせは増えます。有料であれば、「返金保証」をつけます。

また、「お問い合わせいただいても、しつこく営業することはありません」といったひと言を付け加えると、相手も安心して問い合わせることができます。

広告の「見出し」は重要

広告を出すとき、最も重要なのはオファーです。オファーによって、問い合わせ件数が大きく変わります。よいオファーができたら、次は見出しのテストをしましょう。見出しを変えるだけで反応が2倍になったり、逆に反応が半分になることもあります。

広告において、見出しは最初に読まれる部分です。見出しがダメなら、本文が読まれることはありません。どんなにすばらしい商品やどんなに魅力的なオファーでも、広告を読んでもらうことができなければ相手には伝わりません。

本文を読んでもらうためには、相手の興味を惹く見出しをつける必要があります。

まず、最悪な見出しについてご説明します。

最もよくある間違いで、しかも最悪な見出しがあります。それは「自社商品名を見出しにすること」です。商品名やブランド名を見出しにしても反応は上がりません。広告作成の知識がない人が広告を作ると、ほとんどの人が商品名を見出しにしてしまいます。あなたの会社の広告を思い出してください。商品名が見出しになっていませんか？　これは最もよくある間違いなので注意してください。また、専門用語や難しい言葉を見出しにするのもダメなパターンです。

次に、よい見出しです。

よい見出しは、「その見出しを読んだだけでメリットが伝わる」ものです。見出しはたいてい1行、長くても2行程度です。少ない文字数の中で問い合わせるメリットを相手に伝えることができるように工夫してください。見出しだけで問い合わせを取るつもりで作ってみてください。よい見出しは、それだけで集客することができます。

私がよく使い、安定的な反応が取れる見出しがあるのでご紹介します。

見出し例1　「○○無料配布のお知らせ」

これは、シンプルに無料○○を知らせる見出しです。オファーをそのまま見出しにすると、相手にメリットが伝わりやすくなります。実際に使うときは、次のように相手の業界などを入れると、より反応率が高くなります。

「新規開拓にお困りの社労士の先生へ　集客ノウハウ集無料配布のお知らせ」

「美容院集客成功事例　無料セミナー開催のお知らせ」

「お勧め歯科医院サイト　無料登録の件」

「飲食店売上アップノウハウCD　7日間無料お試しのお知らせ」

「駐車場1台分のスペースから始められるレンタルボックスを無料で設置します」


見出し例2　「（相手のメリット）のお知らせ」

これは、相手のメリットを単純に書いただけの見出しです。実際に使うときは、相手のメリットをわかりやすく伝えるようにします。

「置くだけで売れるインテリア小物　販売パートナー募集のお知らせ」

「業務提携パートナー（不動産会社）募集の件」

「中小企業がもらいやすい助成金の件」

「あなたの店のお客さんを倍増させるノウハウセミナー（無料）のお知らせ」

「12万円の予算で85万円の利益を出した成功事例を知りたい社労士の方はいませんか？」

応用見出し例

次は見出しの応用編です。

相手が〝あっ〟と驚くような見出しも高い反応が得られます。

「あなたに代わって〝飛び込み営業〟します」

「〝タイムマシン〟プレゼントのお知らせ」

「『先生、助けてください！　1ヶ月以内に売上げを倍にしないと倒産してしまいます』と言われたら、あなたはその方に何を提案してあげますか？」

見出しを変えるだけで反応が2倍になることもしばしばです。あなたも今使っている広告をすぐに見直してみましょう。

反応率が高い広告の特徴

反応率が高い広告にはいくつかの特徴があります。逆に言うと、これらの特徴を満たせば反応率が高い広告ということになります。では、順にご説明します。

1　オファーがよい

広告の反応を最も大きく左右するのがオファーです。ですから、**価値あるものを無料で提供する**ようにしてください。価値のないものを無料で提供しても、問い合わせは増えません。あなたが考えたオファーが、価値あるものかどうかを判断する方法があります。それは「そのオファーに値段がつけられるか？」ということです。１０００円で販売しても、買う人がいるのであればよいオファーと言えます。無料小冊子でも「集客ノウハウ集」や「成功事例集」などは、お金を払ってでも買いたい人はいるでしょう。

一方、「使い方マニュアル」のようなものはダメです。なぜなら、普通の人にとって価値がないからです。値段がつけられないようなものは、よいオファーとは言えません。価値あるものを無料にするからこそよいオファーとなり、問い合わせが増えるのです。

2 わかりやすい

私はFaxDM原稿をはじめ、広告の添削もしています。私のところに持ち込まれる原稿の2割くらいが「わかりにくい」原稿です。広告を真剣に読んでも、それがどんな商品なのかがわかりません。二度読んでもわからない。どんな商品なのか、どんなオファーなのか？問い合わせるとどういうメリットがあるのか？　まったくわかりません。

がんばって理解しようとしている私が、2回読んでも理解できないのです。普通の人は、広告を二度も読んでくれません。流し読みしてくれればいいほうです。わかりにくい広告を、わざわざ二度三度と読んでくれるはずがありません。当然反応もありません。

初めて広告を読んだ人でも、すぐに理解できるようにわかりやすく作ってください。小学生にでも理解できる広告がよい広告です。専門用語や業界用語を使ってはいけません。

3 信頼できる

すばらしい商品、すばらしいオファーほど、うさん臭いものです。以前、とてもよい商品があったので、次のようなオファーでFaxDMを出してみました。

「商談させてください。もし、その商談に10万円の価値がないと感じたら3千円支払います」結果は最悪で、反応率は0・1％でした。あまりにも話がうますぎて警戒されてしまったようです。

この失敗例が示すように、広告を見ている人は信頼できるかどうか？　ということを真剣に考えています。誰しも騙されたくありません。あなた自身も、安くていいものを買いたいものですよね？　安心できない会社からは買いたくないですよね？

問い合わせる側は、「この会社は信頼できるのかな？」と無意識のうちにチェックしています。たとえば、正確な住所が載っていない広告があったらどう思うか？　うさん臭いですよね？　問い合わせ専用の電話が携帯電話だったら？　うさん臭いですよね？

広告を出すときは、自社の信頼性を上げる情報を記載すると反応が上がります。たとえば、マスコミ掲載履歴や著書。これらがあると信頼度がグンと上がります。社歴や取引社数、大手との取引、既存客数などの情報も掲載できれば信頼性が上がります。何もない場合は、社長のポリシーを書くといいでしょう。「○○に命をかけて仕事をしています」といった、社長のひと言を載せるだけで信頼性が上がります。

エスキモーに氷を売るのは難しい

広告の書き方についていろいろ書きましたが、最も重要で効果的なノウハウがあります。それは、商品選択についてです。

私は、コンサルタントとして原稿や広告の書き方を教えています。士業やコンサルタント、出版社、ＩＴ関連の依頼が多いのですが、小売業や卸売業、メーカーや運送業などからの依頼もあります。持ち込まれる商品や企画は、実にさまざまです。原稿を見た瞬間、「これは売れる！」と自信を持って言えるものがある一方で、「こんな商品、いったい誰が買うの？」というような商品もあります。

広告の書き方や反応を上げるノウハウも重要ですが、それよりも重要なのは「商品選択」なのです。正直言うと、売れるものは多少広告が悪くても売れます。売れないものは、どんなに努力してもなかなか売れません。そう、世の中には「売りやすい商品」と「売りにくい商品」があるのです。

ちなみに、「売りやすい商品」というものはそんなに多くはありません。「黙っていても売れる商品」があれば最高なのですが、そんなものはほとんどありません。たまたま見つかればラッキーくらいに考えておいたほうがいいでしょう。

その一方で、「どんなに努力をしても売れない商品」というのもあります。そんな商品をつかんでしまったら悲惨です。いくらがんばっても儲からない。そんな蟻地獄にはまってしまいます。

つまり、商品選択の時点で勝負の半分が決まっているのです。難しい商品を、企画力や提案力で売るのは確かにすごいことでしょう。しかし、そんなことができるのはほんの一部の営業マンだけです。その他大勢の営業マンはまったく売れないのが現実です。

すごい営業マンの代名詞として、「エスキモーに氷を売る」とか「砂漠で砂を売る」などといった言葉を聞いたことがあるかもしれません。苦労して10万円を稼ぐのと、楽して１００万円を稼ぐのとでは、あなたはどちらを選びますか？　私なら、楽して稼ぐほうを選びます。

誰でも売ることができるシステムを作るのが、経営者や営業責任者の仕事です。まずは、楽して稼ぐ方法がないかを考えてみましょう。

売りやすい商品であれば、広告が多少悪くても売れます。売りにくい商品は広告をいくら工夫しても限界があるのです。

売りやすい商品とは？

まずは、「売りやすい商品」についてご説明します。

「売りやすい商品」と言っても、黙っていても売れるような商品のことではありません。比較的売りやすいというレベルですが、それでも知っておいたほうが断然有利です。

広告を出して、問い合わせがくる商品というものが2種類あります。

ひとつ目は「**売上アップ系商品**」です。つまり、「この商品を買うとあなたの売上げが上がりますよ」という商品です。たとえば、「売上アップセミナー」、「集客ツール」、「助成金」などがこれに該当します。経営者は、いつも売上アップについて考えています。ですから、売上アップに関する情報があれば、資料請求をしたり無料小冊子を請求します。

もうひとつは、「**コスト削減系商品**」です。つまり、「この商品を買えばコストが削減できますよ」という商品です。たとえば、「郵便料金削減」、「電気料金削減」、「節税」などがこれに該当します。コスト削減に関する情報があれば、問い合わせてくる経営者も少なくありません。なお、経理担当者よりも経営者のほうがコスト意識は高いものです。広告を出すときは、経営者向けに出したほうがいいでしょう。

もし、あなたの扱っている商品が「売上アップ系商品」、あるいは「コスト削減系商品」であれば、ふだんどおりに販促すれば問題はありません。つまり、「この商品を買えば売上げが上がりますよ。無料お試しはこちら」と広告したり、「この商品を買えばコスト削減できますよ。コスト削減ノウハウ集はこちら」と広告すれば、ある程度の反響は期待できるはずです。

「俺の商品は『売上アップ』にも関係しないし、『コスト削減』にも関係しない。どうすりゃいいんだ？」という場合でも対策はあります。どのような商品でも、「売上アップ」や「コスト削減」に結びつけられるものだからです。

兵庫県にヤマギシデザイン事務所（http://www.yamagishi-tatsuya.net）という設計事務所があります。この会社の商品は店舗リフォームです。リフォーム業は一見すると、売上アップにもコスト削減にも関係がありません。

ところがリフォーム業も、「売上アップ」に関連づけが可能なのです。「店舗リフォームで売上３００％アップした成功事例小冊子プレゼント」というオファーを出したところ、77件（反応率０・96％）の問い合わせが来ました。

また、輸入ビジネスを営んでいる会社の事例もご紹介しましょう。この会社では、輸入雑貨を卸や小売店に卸したいと考えていました。この場合も、一見すると売上アップにもコスト削減にも関係ないように思えます。

しかし、この会社が扱っていた雑貨は置くだけで売れると評判の雑貨だったのです。そこで考えたのが、次のようなオファーです。

「3年間で15万個突破。置くだけで売れるインテリア小物、販売パートナー募集（限定10社）のお知らせ」

このようなオファーだと、相手も売上アップを意識できるため、問い合わせが増えます。

あなたの商品でも、できるだけ売上アップやコスト削減に関連づけて販促してみてください。

売りにくい商品とは？

次に、「売りにくい商品」についてです。以下のような商品や業界で戦ってはいけません。がむしゃらに働いても、まったく儲からない可能性すらあるので、ご注意ください。

まずは、**競合が多すぎる業界や商品。**こんな業界に新規参入してはダメです。多くの場合、すでに価格勝負になっているため、利益が出せない可能性が高いでしょう。ただし、例外もあります。競合が多くても、業界全体が伸びているような業界であれば問題はありません。

逆に注意すべきなのは、市場が飽和して競合が多い業界です。いわゆる成熟産業で、利益を出すのは難しいからです。市場が一定規模なのに新規参入が多いとか、新規参入は少ないが市場が縮小している業界は危険です。

たとえば、「リフォーム」、「保険」、「コピー機」、「歯科医院」、「治療院」、「人材派遣」などは、競合が多いので普通の売り方だと苦労するケースが多いでしょう。よほど戦略がない限り、新規参入は避けたほうが無難です。なお、「マイライン」や「電話代削減」はニーズはありますが、最近競合が増えてきているため、あまりお勧めできません。

逆に、**競合がまったくいない業界や商品**も危険です。新製品や画期的な製品の場合、競合がいない場合もあります。競合がいないということは、ニーズそのものがない可能性もあります。ある程度、テスト的に販売してみて売れないようなら、販売を中止あるいは延期する必要があります。

いずれにせよ、市場を最初から作るのは時間とお金が大量に必要となるため注意が必要です。競合は、多過ぎても少な過ぎてもダメなのです。

また、参入障壁が低い業界も危険です。「飲食業」は参入障壁が低い業界の典型例です。脱サラして飲食店をする人も少なくありません。誰でも新規参入できる業界は、できれば避けたほうがいいでしょう。その他、「運送業」や「美容室」も同様です。

次に売りにくいのは予防商品です。何かを未然に防ぐための商品は売りにくいのです。人間は、一度痛い目に合わないとなかなか気がつかないものです。「食中毒防止」、「労働争議防止」、「犯罪防止」など、予防に関する商品は売りにくいため要注意です。

その他、効果が目に見えにくい商品も厳しいでしょう。「カウンセリング」や「人材育成」、「モチベーションアップ」などは効果が目に見えにくいため、販売に苦労します。また、変更がたいへんな商品も売るのが困難です。「システム構築」などは、変更がたいへんな業種の典型です。他社製品をすでに使っていて、変更が難しい商品は売るのに苦労します。

「売りにくい商品」を売る方法

また、「売りにくい商品」は、できれば扱わないほうがいいでしょう。もし、あなたが販売代理店という立場なら、代理店をやめるのもアリです。売りやすい商品を狙ったほうが楽に利益を出すことができます。

しかし、もしあなた自身が販売元（あるいは製造元）である場合は、そう簡単に商品を変えることはできません。また、それがあなたの主力商品であれば、販売を中止することは難しいでしょう。「売りにくい商品」を売らざるを得ない場合は、どのように対応すればいいのでしょうか？

方法は3つあります。

ひとつ目の方法は、**「売りやすい商品から売る」**という方法です。

ほとんどの会社では、ひとつの商品だけを販売しているわけではありません。類似商品や関連商品なども同時に販売しているケースがほとんどです。複数の商品群の中で最も売りやすい商品から販売するようにしてください。とくに、広告で見込客を集める場合は、最も売りやすい商品から販売するとうまくいくケースが少なくありません。

横浜市の新井社会保険労務士事務所の事例です。社会保険労務士というビジネスでは、売るべき商品がたくさんあります。就業規則の変更作成、入退社手続代行、労使トラブル解決、給与計算代行、助成金申請代行など、たくさんのサービスを提供しています。しかし、この中で最も売りやすい商品は助成金申請代行です。他のサービスは、予防商品であったり、効果が見えにくい商品であるため、相手のメリットがなかなか伝わりにくいのです。

一方、助成金は条件さえ満たせば政府からお金がもらえます。相手のメリットが明確で、わかりやすいのです。まずは、売りやすい商品（＝お客さんが買いやすい商品）を売るようにしてみてください。あなたの都合だけで、最初から高粗利の商品を売ろうとしてはいけません。売りにくい商品は、売りやすい商品を買ってくれた後にセールスするとうまくいきます。つまり、「売りやすい商品の販売→本当に売りたい商品の販売」という順番が重要なのです。

2つ目の方法は**「売りやすい商品を新しく作る」**です。

これは、ひとつ目の方法と似ています。売りやすい商品があれば、その商品から売ればいいのですが、売りやすい商品がひとつもない場合です。

この場合は、新しく売りやすい商品を作るのもいいでしょう。価格が高くて売りにくいのであれば、「価格が安いもの」を新しく作ればいいのです。１００万円の商品を売りたいのであれば、機能を限定した商品を5万円で新規に売り出すこともいいでしょう。あるいは、毎月2万円で利用できるようにする。「高額機械の販売」がメインであれば、「メンテナンス」を格安で受注してみるのもいい方法です。メンテナンスを受注しておけば、確実に買い換え時期を把握することができます。

私のようなコンサルタントは、「コンサルティング」を最初に売ろうとするとなかなかうまくいきません。この場合は、最初に教材やセミナーを売るとうまくいきます。

横浜市の（株）ジャパンパーソナルコンピュータ（http://www.japanpc.co.jp）は、システム構築の会社です。システム構築は契約金額も大きく、なかなか新規契約に結びつきにくいものです。たとえニーズがあったとしても、新規の会社に任せるのは怖いため、どうしても知り合いの会社や紹介に頼るケースが多くなります。つまり、新規開拓がとても難しい業界なのです。

そこで、新しく売りやすいサービスを作り出しました。それは、「社長のためのパソコン先生」です。「社長のためのパソコン先生」が受注できたら、社長のパソコンを見ることができるし、同時にその会社のシステムを見ることもできます。効率の悪いシステムであれば、よりよいシステムを提案できるチャンスも生まれます。

つまり、本当に売りたいサービスとは別に、もっと低価格で売りやすい商品を新しく作ったのです。本当に売りたいシステム構築とは別に、新規事業の売上げもプラスされるため一石二鳥です。

もし、あなたが売りにくい商品を扱っている場合は、あなたの商品と関係が深く、売りやすい商品を扱うとうまくいく可能性があります。


3つ目の方法は、**「圧倒的なオファーを提供する」**ということです。

売りにくい商品でも、圧倒的なオファーを提供すれば見込客を集めることができます。相手が、思わず飛びついてくるようなオファーを提供してください。

京都府にある（株）ＥＣＯＰ（http://www.ecop.jp）は、窓ガラスコーティングの会社です。窓ガラスに特殊な液体をコーティングすることにより、見た目をまったく変えることなく、紫外線や赤外線を遮断します。

コスト削減効果があるとは言え、売りやすい商品とは言えません。そこで同社は、「無料工事」をオファーにしました。施設の一部のみ無料で窓ガラスコーティングを施し、気に入ったら契約してもらうという方法です。無料工事は原価ベースで数十万円かかりますが、契約できれば数百万円単位の売上げになります。

また、大阪府にある（株）クラワ（http://kurawa.jp）は、ゴルフコース内別荘地を販売している会社です。別荘地は売りにくい商品のひとつです。そこで同社では、別荘地内のゴルフコース無料体験を企画しました。ゴルフが無料でプレイできるのです。無料プレイ目当てのお客も来ますが、真剣に別荘の購入を検討してくれる人もいます。実際に、無料プレイから別荘地を買う方もいるのです。このように、オファーしだいで売りにくいものも売ることができます。

大阪府にあるダイレクト出版（株）（http://www.d-publishing.jp/）は、圧倒的なオファーを出すのが得意な会社です。日本および海外の著名人のビジネスノウハウ、投資ノウハウ教材を販売しています。アメリカに、ダン・ケネディという超有名なコンサルタントがいますが、彼の教材（約2万円相当の冊子）を無料で配布しています。集客ノウハウや売上アップノウハウ満載の教材が無料なのです。

圧倒的なオファーなので、多くの見込客を獲得することができます。このように、売りやすい商品でも圧倒的なオファーを出しているのです。売りにくい商品でも、圧倒的なオファーを出すことによって、見込客を大量に集めることができます。

広告を活用して全国展開しよう

ここまで、広告を活用して集客するノウハウを述べてきました。つまり、訪問なしで集客するノウハウです。訪問なしで集客できるようになったら、訪問なしで契約できないかを工夫してみてください。もし、訪問せずに契約までできれば、圧倒的に利益が出せるようになります。なぜなら、地元だけでなく全国をターゲットにすることができるからです。

もしあなたが、地域密着ビジネスならラッキーです。なぜなら、ライバル会社も「自分は地域密着ビジネスだ」と考えているからです。つまり、あなただけが抜きん出るチャンスでもあります。

たとえば、私自身はコンサルタントですが、お客さんは全国にいます。なぜなら、訪問せずに電話とメールとFａxだけでフォローしているからです。普通、コンサルタントと言えば地域密着ですが、少し考え方を変えると全国をターゲットにすることができるようになります。

別の例として税理士があります。税理士と言えば、地域密着が当たり前です。しかし、遠方のお客さんでも電話やメールでフォローできるはずです。実際、私の会社は関東ですが、関西の税理士に税務処理をお願いしていたこともあります。訪問なしにすると、時間と労力を削減することができるため、その分低価格でサービスを提供できるようになります。

また、これは私のお客さんではありませんが、全国展開している面白い会社があります。

私がサラリーマンだった頃、私がパソコンでエクセルに入力していると、同僚が私の顔を見てニヤニヤしながらとんでもないことを言いました。

「あれ？　おでこにエクセルが映ってるよ」

そう。私はちょっと髪の毛が薄くて額が広いのです。そんなこともあって以前、かつらのことをインターネットで調べていたらすごい会社を発見しました。

それは、「オーダーメイドかつら」の会社です。その会社では、オーダーメイドのかつらを、何とインターネットで販売してたのです。かつらと言えば、頭のサイズをきちんと測って毛の色なども地毛に合わせなければなりません。その作業を、お客さん自身にやってもらう代わりに格安でかつらを提供しているのです。こんなものですら、訪問なしで販売できるのです。

また、不動産や保険、車なども通販されている時代です。訪問しなければ契約できない業種なんて、ほとんどないと言ってもいいでしょう。

訪問は、電話やメールで代用できる場合が少なくありません。絶対に訪問が必要な業種でも、代理の人を訪問させればいいのです。提携先を全国に持つことができれば、あなた自身が訪問せずに契約できるようになります。

ある社会保険労務士が全国展開した事例があります。仕組みは簡単です。仙台市の山口友也社会保険労務士事務所はＦａｘＤＭで見込客をどんどん集め、集まった見込客を提携先の社会保険労務士に割り振っています。自分自身は訪問することはありませんが、全国にお客さんがいます。提携先も、ＦａｘＤＭで集客すればいいのです。

「自分の業界はどうしても全国展開できない」と言うのであれば、最後の裏ワザがあります。それは、ノウハウをライバル会社に売る、ということです。うまくいった広告、うまくいった集客方法があれば、それを同業者に売ればいいのです。自分と競合しないエリアの同業者なら、問題も少ないはずです。これは、ほとんどすべての業種で応用可能です。

東京都のフィットバランス療術学院（http://www.fitbalance.net/）は、もともとは普通の治療院でした。治療技術と集客方法が優れていたので、そのノウハウを教える学校を作りました。つまりノウハウを同業者に売っているのです。

どんな形であれ、全国展開は可能です。「自分の会社ではムリ……」と言う前に、全国展開できないかどうかを考えてみましょう。

3章のまとめ

■不況業界は広告の反応が高い

■田舎は広告の反応がよい。23区や大阪市内は反応が悪い

■「売上アップ系商品」、「コスト削減系商品」は反応が取りやすい

■売れない商品は、いくらがんばっても売れない。さっさとあきらめるか、売りやすい商品から売る。

■オファーがよければ反応が上がる

■広告は誰が見てもわかるようにする

■全国展開を視野に入れる。訪問せずに全国展開できれば売上げが飛躍的に上がる

4章 ライバル会社とは戦うな！

競合店とは〝ガチンコ勝負〟をしない

3章で「競合が多すぎる業界・商品」は売りにくい、という話を書きました。また、「競合がまったくいない業界・商品」も売りにくい、とも書きました。

ですから、通常はほどよい数の競合がいる中で戦うことになります。多分、あなたの業界でもいくつかの競合があるはずです。

私の会社の例を挙げましょう。

前にも述べましたが、私はＦａｘＤＭの会社を経営しています。もちろん競合もいます。正確な数はわかりませんが、50社以上はあると思います。しかし、本当に競合すること（たとえば相見積りになること）はゼロです。

と言うのも、私の会社では相見積りを出さない主義だからです。ですから、競合とガチンコ勝負することは絶対にありません。私の中では、競合とガチンコ勝負することなど愚の骨頂です。それは、勝負をしたところで勝てる保証はないからです。たとえ勝てたとしても利益は薄いし、お互いに傷つけ合うだけです。

競合とガチンコ勝負になってしまうのは、両者に違いがないからです。お客さんの立場としては、よいものを安く買いたいと考えています。しかし、多くの会社では競合との差別化があまりできていません。

その結果、価格勝負になってしまいます。性能や品質は数値化できませんが、価格は数値化できます。競合との差別化があいまいなため、お客さんは価格で選ばざるを得ないのです。

ちなみに、「早い」、「安い」、「高品質」の三拍子が揃うことはあり得ません。もし、そのように謳っている会社があればウソつきと言っていいでしょう。なぜなら技術革新でもない限り、品質を上げると原価が上がるからです。値段を安くしようとすると、何かを犠牲にする必要があります。3つのうちの2つを満たすことは可能ですが、3つすべてを満たすことは物理的に不可能なのです。

私の会社では、競合他社とのガチンコ勝負を避けるために、他社と明確な違いを打ち出しています。

競合他社は「安さとサービス」を全面に出しています。一方、**私の会社では「当社は値段も高く、サービスも悪いけど、品質は最高」と謳っています。**

ＦａｘＤＭでの最高の品質とは、「結果を出すこと（＝反応が高いこと）」だと考えています。最高の結果を出すためには勉強が不可欠です。海外のセミナーに参加して最新の集客ノウハウを学んだり、高額教材を購入して勉強するのは当然です。また、自分自身でＦａｘＤＭの研究をしています。「どうやったら反応が上がるのか？」を日々テストしているのです。

最高のサービスを提供するには、このように原価がかかるのです。その結果、価格は高くなってしまいます。実際、私の会社では同業他社の２倍の価格です。しかし私は、これでも安いと考えています。なぜなら、値段が２倍でも問い合わせが３倍来れば結局は安い買い物になるからです。実際、私のお客さんは通常の10倍の問い合わせを得る方も少なくありません。その結果、たくさんの人が私の会社を選んでくれています。

逆に言うと、私の会社では**「最高の品質（＝結果を出すこと）」以外にはほとんど力を入れていません。**品質◎、スピード○、価格×、という会社なのです。

ちなみに、ＦａｘＤＭ業界は参入障壁の低い業界です。市場規模はそれほど大きくないにもかかわらず、競合が50社以上あります。その中で私は、価格競争から逃げているのです。最高の品質を提供する代わりに、他社の２倍の価格で販売しています。それでもお客さんは来るのです。

この章では競合とガチンコ勝負しないですむ方法、お客さんがあなたを選んでくれるノウハウをご説明していきます。

価格勝負はするな！

価格勝負をするのは、あなた自身にとっても競合にとってもいいことではありません。値下げをして注文が増えればいいのですが、多くの場合、注文はそれほど増えることはありません。

それどころか、競合も同じように値下げしてくる可能性が高いのです。その結果、利益が薄くなってお互いに苦しむだけです。

また、利益が薄いのはお客さんにとってもよくないことです。利益が薄い仕事は馬鹿らしくてやっていられないものです。そうなると、サービスの向上はあり得ません。場合によっては、手抜きをされてしまう可能性すらあります。

神田昌典氏の『あなたの会社が90日で儲かる』（フォレスト出版）の中に、次のような言葉があります。

「割引は安直な方法なのでバカでもできる。バカでもできるから必ずあなたの価格を下回るバカが出てくる」

名言です。割引は、頭を使わなくてもいいから楽です。つまり、誰にでもできる方法なのです。その結果、価格勝負になり皆が苦しむことになるのです。価格勝負で勝つのは、体力がある大手だけです。特殊な仕入ルートでもない限り、価格勝負は避けたほうがいいでしょう。

実際、私の業界（ＦａｘＤＭ業界）では価格勝負の会社が大多数です。信じられないような低価格でサービスを提供している会社もあります。それでは、利益など出るはずがありません。その結果、いくつかの競合はいつの間にか倒産しています。

安易な値引は自分自身を苦しめるだけです。売上げが足りなくても、値下げという安易な方法は絶対に取らないでください。そうではなく、頭を使ってアイデアをひねり出していただきたいのです。

ある有名コンサルタントが、コンサルティングをするとき最初に手をつけるのは、「商品の値上げ」だということです。経営が苦しいときは、まずは価格を見直してください。あなたの会社でも、知らず知らずのうちに安値で販売しているのかもしれません。まずは、自社商品が値上げできないかどうか検討してみてください。

私の会社では、商品・サービスは今までに数回値上げをしています。逆に、値下げをしたことは一度もありません。

正直言うと、値上げするのは私自身も怖いのです。売れなくなるんじゃないか？　という心配は常にあります。心配だからこそ、いろいろなアイデアが生まれるのです。これまで「返品保証」をつけてみたり、「30日お試し」を導入したり、「反響保証」をつけるなど、さまざまなアイデアを試してきました。

まずは、「価格勝負をしない」とあなた自身も決意してください。決意した瞬間から、**「値下げせずに売るアイデア」**が出てくるのです。

あなただけの強みを持とう

「価格勝負をしない」と決意したら、あなた自身も変わらなければなりません。まず、最初にやるべきことは**競合との差別化**です。

価格勝負になる最大の原因で、かつ最も重要な部分はここです。あなたの会社では、競合との差別化はできているでしょうか？　他社と似たような商品を似たような方法で売ると、価格勝負になってしまいます。他社と差別化するためには、「あなただけの強み」を持つ必要があります。

たとえば、私の会社の強みは「ＦａｘＤＭのノウハウを持っていること」です。競合で私と同じようにノウハウを持っている会社はありません。つまり、私が販売しているのは競合とはまったく別の商品なのです。同じ商品であれば価格勝負しかありませんが、違う商品であるため、価格で勝負する必要がないのです。

お客さんは価格だけを見ているのではありません。「品質を重視するお客さん」もいるし、「納品スピードを重視するお客さん」もいます。場合によっては、「アフターサービスを重視するお客さん」もいます。ところが多くの場合、あなたの商品も競合の商品も、どれも同じ商品に見えてしまうのです。同じ商品だったら誰でも安いほうを選びます。競合との違いがきちんと伝わっていないから価格で選ばざるを得ないのです。

まずは、あなただけの強みを持ってください。

あなただけの強みの例を挙げると「商品の性能が高い」、「品揃えが多い」、「オファーが最高」、「返品可能」、「対応が親切」、「営業マンの知識が豊富」、「ワンストップサービス（ひとつの窓口でいろいろ提供可能）」、「立地がよい」、「長持ちする」、「デザインがよい」など、数え切れないほどあります。もちろん、「価格が安い」というのも差別化にはなります。

ただし、特別な仕入ルートやバックエンド商品（＝低粗利の商品でお客さんを集めて高粗利の商品を売る手法）がない限り、価格は下げないほうがいいでしょう。

いずれにせよ、競合とは違う何かを持つようにするのです。

そして、重要なのはここからです。**あなただけの強みを持ったら、必ずそれをお客さんに伝えるようにする**のです。しかも、わかりやすく。せっかく、あなただけの強みを持っているにもかかわらず、それがお客さんに伝わっていないのはよくあることです。

あなただけの強みがきちんと伝われば、競合とガチンコ勝負することはなくなります。つまり、価格勝負にならなくなるのです。

自分の強みを知る方法

ここで、あなたに質問があります。

あなたの商品、あなたの会社の強みは何でしょうか？　前項で「あなただけの強み」を持つ重要性について述べました。

ところが、「私の会社（商品）の強みは○○だ！」と即答できる人は意外と少ないものです。また、ひょっとしたら「自分の会社には強みなんてない」とあきらめている人もいるかもしれません。

あなただけの強みを持つことが競合との価格勝負を避け、お願い営業から脱却し、お客さんからも感謝されることにつながります。これは、営業マンにとってもお客さんにとってもよいことなのです。

「既存客は、なぜ数ある競合の中であなたの会社を選んでくれたのでしょうか？」

最近契約したお客さんのことを、具体的に思い出してみてください。その方（仮にAさん）は、なぜあなたの会社を選んだのでしょうか？　Aさんは、あなたの何が気に入ったのでしょうか？　単なる偶然であなたと契約したのでしょうか？

このように、**「既存客が、なぜあなたを選んでくれたのか？」**を考えると、あなたの強みがはっきりする可能性があります。そして意外なことですが、まったく強みがない会社は少ないものです。強力な差別化とは言わないまでも、ちょっとした強みであれば、多くの会社が持っています。

そして、**自分自身の強みがわかったら、それを最高に強化して、お客さんにわかりやすく伝える**ようにしてください。

ここで、1点だけ注意点があります。

以前、船井幸雄氏のセミナーに参加したときのことです。「コンサルして失敗するケース」について講義されました。失敗するケースは、その会社の弱みをなくそうとするとき、だそうです。書き間違いではありません。弱みをなくそうとすると売上げが下がるのです。

多くの会社で、「うちはここが弱いから、それを補うためにこうしよう」という行動をとります。ですが、これは失敗する典型的なパターンなのです。現実は逆なのです。うまくいくようにするためには、「弱みをなくそうとするのではなく、強みをさらに強くする」ことが重要なのです。と言うのも、弱みをなくそうとすると、同時に強みも弱くなってしまうケースが多いからです。

たとえば、私の会社の強みは「最高のノウハウ」ですが、弱みは「値段が高いこと」です。仮に、この弱みをなくすために値段を下げたとします。すると、最高のノウハウを維持できなくなるのです。値段を下げると利益が薄くなるため、たくさん売らなければならなくなります。その結果、勉強や調査の時間がとれなくなるのです。強みと弱みは表裏一体の場合が多いため、注意が必要です。

お客様アンケートは一石三鳥

ここで、あなただけの強みを知るベストの方法があるのでご紹介します。

それは、「お客さんの声をもらうこと（＝お客様アンケート）」です。

これは、既存客から感想をもらうようにして下さい。できれば、お客さんの満足度が最も高い納品直後に感想をもらうのがいいでしょう。


感想には意外なコメントがあるものです。そこで、自分の強みを知ることができるかもしれません。たとえば、「複数の競合の中から、なぜ当社を選んだのですか？」という質問を入れると、あなたの強みを具体的に知ることができるでしょう。


このアンケートはとても重要です。簡単に実践できるにもかかわらず、効果抜群だからです。自分の強みがはっきりするだけではありません。お客さんの声は実績の証拠にもなります。お客さんの声を集めて、ＨＰに公開したり小冊子化すると、それだけで成約率が上がります。

あなた自身が、いくら「うちの商品はここがすごい！」と叫んでも、なかなか信じてもらうことはできません。しかし、お客さんの声が束になっているのを見せると信じてもらうことができるのです。お客様アンケートを行なわない会社は、売上げの半分を逃している可能性すらあります。

そして、何よりお客さんから喜びの声をもらうとうれしいものです。社長も社員も、お客さんから「よかったです」、「ありがとう」と言われると、ますますやる気が出てきます。

私も、最初の1年くらいはお客さんの声を集めていませんでした。しかし、声を集めてHPに公開したところ、あきらかに成約率が上がりました。アンケートの回答でも、「既存客の声を見て信用できそうだったから」というのもたくさん届きます。

そして不思議なことに、アンケートを回答してくれた人は、その人たち自身の満足度も上がります。おそらく、「売上見込を記入」したり「満足度を評価」したことで、その会社のよさを再認識してくれるからでしょう。

まずは、お客様アンケートを作ってみてください。そして、あなたの強みが何かをお客さんに直接訊いてみるのです。その強みを最高に強化して他社と差別化し、あなただけの強みになるようにしていくのです。

私が実際に使っているお客様アンケート

1　今回のＦａｘＤＭでどれくらいの売上げが見込めそうですか？

2　複数のＦａｘＤＭ会社がある中で、弊社を選んで頂いた決定的な理由は何でしょうか？

3　今回のＦａｘＤＭに評価を付けるとしたら、次の１〜５のどれになりますか？

　1　大満足　　2　満足　　3　普通

　4　不満　　5　かなり不満

4　満足した点を教えてください（これを読むとヤル気が出ますのでお願いします！）

5　不満だった点があれば教えてください（お手柔らかに……）

6　原稿添削などを担当した「高橋廣」についての感想を教えてください

7　ＦａｘＤＭに限らず、集客に関して「こういうサービスがあればいいな！」ってありますか？　もしあれば教えてください

8　その他、何かあればご意見をください

9　今回の感想を弊社ＨＰなどに掲載してもよろしいでしょうか？

　□全部掲載ＯＫ　　□匿名ならＯＫ　　□絶対ダメ

お客さんから、迷わず問い合わせてもらう法

以前私は、世界Ｎｏ・１コンサルタントとして有名なジェイ・エイブラハム氏のセミナーを受けにマレーシアにまで出かけたことがあります。ジェイ・エイブラハム氏はマーケティング（集客）のプロで、１日のコンサルティング料金が５００万円というとんでもない人です。

そのジェイ・エイブラハム氏のセミナーで、最も印象深かったことをご紹介します。

それは、「リスク・リバーサル」というコンセプトです。リスク・リバーサルとは、相手のリスクを取り除くことです。**最もわかりやすいのは「返金保証」です。**

私の会社で販売している教材には、すべて返金保証がついています。私が販売しているノウハウ教材を購入して、もし満足しなかったら、いかなる理由の返品も受けつけています。

また、以前セミナーを開催したときも返金保証をつけました。私が扱っているのは、「ノウハウ」という形のないものです。悪意を持った人がいれば、教材を買ってすぐに返品することもできます。

ですから、返金保証をつけるのには少し躊躇しました。しかし、いざふたを開けてみると、

その心配は杞憂に終わりました。悪意を持った人はごくわずかなのです。それよりも、返金保証をつけたことによる売上アップのほうが重要です。そしてこれは、他社との強烈な差別化にもつながります。

これは、返金保証ができないようなものほど効果があります。もし、あなたの会社だけが返金保証をつけていたらどうでしょうか？　お客さんはあなたのところから買いたいと思うはずです。高額な商品であれば、なおのこと返金保証が重要です。

返金保証をつけるのは、何もお客さんのためだけではありません。あなた自身のためでもあります。と言うのも、返金保証をつけると手抜きができなくなるからです。もし性能の低いものを提供すると、返品されてしまいます。ですから、自然によい商品、よいサービスが提供できるようになります。

私自身が、返金保証つきのセミナーを開催したときも同様でした。万一返金されたら嫌なので、最高のノウハウを提供しようと張り切りました。本番セミナーの数日前にデモをしてそれを録音し、自分で聞いてみて、わかりにくいところは修正する、といった感じでした。時間と手間はかかりましたが、最高のセミナーができたと自負しています。

他社と差別化したい、サービスの質を上げたい、新規客を開拓したい、というのであれば、返金保証を取り入れることをお勧めします。これがあなただけの強みになります。

競合をも味方にするジョイントベンチャーとは？

あなただけの強みを持つと、競合とガチンコ勝負することはなくなります。差別化が明確になると、競合との棲み分けも可能になります。それどころか、競合を味方にすることもできるようになります。

世の中の業務提携の半分以上は、競合同士のものです。

ジョイントベンチャーという言葉をご存知でしょうか？　ジョイントベンチャーとは、違う会社同士がお互いの資源を提供し合い、一緒に売上げを上げていくことです。言葉のなじみは薄いのですが、すでにいろいろな形態でジョイントベンチャーが組まれています。販売代理店制度は、ジョイントベンチャーのひとつです。売ることが得意な企業が、商品を販売して手数料をもらっています。

また、最近よく聞くアフィリエイト（主としてネットで商品販売サイトに誘導し、商品が売れたら手数料をもらう仕組み）もジョイントベンチャーのひとつです。

書店で本を買うと、なぜか袋に入れられる結婚相談所のチラシ。実は、これもジョイントベンチャーです。書店で必要な紙袋を無料（あるいは格安）で提供する代わりに、チラシを配る契約になっています。書店は紙袋を購入する必要がなくなるし、結婚相談所は不特定多数の男女にチラシを配ることができます。

格安海外パックツアーでも、ジョイントベンチャーをしていることがあります。特定の土産店に連れて行き、その売上げの一部をマージンとしてもらっています。土産店は何の努力もせずに売上げが上がるし、旅行会社はマージンがもらえるため、通常よりも安くパックツアーを組めることになります。

また最近、電器店でよく見る１００円ミニノートパソコンもジョイントベンチャーと言えるでしょう。通常、数万円のミニノートパソコンがたった１００円で購入できる代わりに、特定の通信会社と契約することになります。電器店は、通信会社から数万円のマージンが入るため、その分を値引してパソコン販売できるのです。

街中でよく見る、ジュースの自動販売機もジョイントベンチャーです。他人の土地に自動販売機を設置させてもらう代わりに、マージンを支払っています。
また意外なケースでは、病院と葬儀屋がジョイントベンチャーをしているケースもあります。病院では、患者が亡くなったら葬儀屋を紹介し、成約したらマージンを葬儀屋から受け取ります。そしてその葬儀屋は、遺族に遺産相続が得意な税理士を紹介してマージンを得ることもあります。税理士は司法書士（土地を分割登記するのに必要）を紹介してマージンを得ることもあります。

その他、不動産屋が引越業者を紹介したり住宅メーカーが造園業者を紹介したり、複数社で共同広告を出して問い合わせ客を分け合う、といったジョイントベンチャーもあります。
ジョイントベンチャーでうまくいく典型的なパターンは、「お互いに競合はしないもののターゲット層が共通している」場合です。

しかし、競合同士でもジョイントベンチャーは可能です。あなたの商品が高額である場合、低価格の商品とは競合しにくくなります。自社商品を何度もセールスしてみて、売れる見込みがないと判断したら、競合商品を紹介することもできます。

ジョイントベンチャーの成功事例

ここで、私自身が取り組んだジョイントベンチャーをご紹介します。

私がジョイントベンチャーを組んだ相手は、ラーニングエッジ（株）（セミナーポータルサイト運営。http://www.seminars.jp）です。ラーニングエッジは、世界的に有名なコンサルタントであるジェイ・エイブラハム氏と提携してセミナーを開催しています（ちなみに、ジェイ・エイブラハム氏はジョイントベンチャーの第一人者でもある）。

私は以前、マレーシアで開催されたジェイ・エイブラハム氏のセミナーに参加し、その内容がたいへんすばらしいものであることを知っていました。このセミナーであれば、自信を持って他人に勧めることができます。

そんなとき、同社からジョイントベンチャーの連絡をいただいたのです。

内容は、「ＦａｘＤＭを使ってジェイ・エイブラハム氏のセミナーに集客できたら、売上げの一部を支払う」というものでした。セミナー参加費は高額（数十万円）なので、まずは無料セミナーに集客し、その場で有料セミナー参加希望者を募る、という方法を採りました。
具体的な内容としては、

1　ジェイ・エイブラハム氏のノウハウを2時間分公開する無料セミナーを開催（ラーニングエッジ主催）

2　無料セミナーの参加者を集客するためにＦａｘＤＭを送信（原稿作成およびＦａｘＤＭ送信は、すべて私（著者）負担）

3　無料セミナー参加者が内容に満足した結果、有料セミナーに申し込み

4　有料セミナーからの売上げの一部を手数料として私宛に支払ってもらう

ここで注目していただきたいのは、「両社ともリスクが最小限」ということです。

私は、ＦａｘＤＭノウハウを持っているし、低価格でＦａｘＤＭを送ることができます。

またラーニングエッジは、売上げが上がったときだけのコミッション支払いです。

その結果、ラーニングエッジの無料セミナーに９００名以上集客することができました。

通常、セミナーに９００人集客しようとすると、いったいいくらの広告費が必要か考えてみ

てください。そして、莫大な広告費を使ったあげく1件も成約しない、ということもあります。その点、ジョイントベンチャーなら売上げに応じて手数料を払えばいいため、リスクが低いと言えます。

また余談ですが、手数料は何も現金払いである必要はありません。このケースであれば、セミナー参加の権利を現金代わりに渡すことも可能です。自社の商品を現金代わりに渡すことができれば、それこそほとんどお金を使わずに売上げを上げることができます。

お金のない会社こそ、ジョイントベンチャーを考えてみましょう。

4章のまとめ

■価格勝負は自分の首を絞める

■自分だけの強みを持つと競合と差別化できる

■弱みを改善しようとすると失敗する。強みをさらに強くすると成功する

■お客様アンケートは一石三鳥（自分の強みがわかる、HPに公開できる、お客さんの満足度も上がる）

■返金保証をつけると売上げがアップする。通常返品不可の商品、高額商品ほど返金保証をつけると強力な差別化が図れる

■お金をかけずに売上げを上げるにはジョイントベンチャーが最適

■ジョイントベンチャーはどんな業界でも使える。あなたの会社と競合せずにターゲット層が共通している会社があれば、ジョイントベンチャーが可能

5章

問い合わせ客を逃がすな！

あなたは、無意識のうちに問い合わせ客を逃がしている
基本は即TEL、即アポ
問い合わせ客への電話トーク
訪問アポを取る電話トーク法
相手のメリットをわかりやすく伝える
資料送付時の注意点
注文用紙を忘れるな！
郵送用資料はどれくらいのボリュームが必要か？
あなたが送った資料は読まれていない
資料を開封してもらうために必要なこと

あなたは、無意識のうちに問い合わせ客を逃がしている

先日、ある友人と飲んでいたときのことです。私の隣の席では、男性2人、女性2人が飲んでいました。雰囲気からすると、どうやら合コンのようです。1人の男性が対面の女性に猛烈にアタックしています。

男「父親は会社を経営していて、年商30億で……」
「知り合いのキャリア官僚と三ツ星レストランに行ったとき……」
「母校の早稲田大理工学部で……」
女「す、すごいですね」
男「いやー、単なる・・・・実力ですよ」

隣の席なので、会話は丸聞こえです。男性が話すことには、かなりの自慢が含まれています。そしてグイグイ攻めています。ここまで積極的なアプローチはあまり見たことがありません。

一方、女性はただ呆然としています。男性に圧倒されてかなり引き気味です。ところが、男性のほうはお構いなしに「僕は……」、「僕は……」とやっています。

女性がかなり引いているのに、男性はまったく気がついていないようです。あの様子だと一次会で解散したことでしょう。

「こいつアホだな」って思いますよね？

ところが、同じようなことが今まさにあなたの目の前で起こっているのです。場所は、あなたの会社の中で、です。そう、あなたやあなたの会社の営業マンがお客さんにアプローチするときは、まさにこんな感じなのです。

「当社は……」とか、「この商品は……」といった具合に、自社のことばかりをアピールしていないでしょうか？

これでは、お客さんは逃げてしまいます。最初は興味を持っていたとしても、あまりにもグイグイ攻めると逃げていってしまうのです。これは男女関係と似ていますね。

前章では、ＦａｘＤＭなどの広告を使って、お客さんから問い合わせてもらう方法について述べました。問い合わせてきたお客さんは成約しやすい傾向があります。

しかし、対応を間違えてしまうと成約率は下がってしまいます。この章では、成約率を上げる方法について書いていきます。

内容は、テレアポノウハウ、資料郵送ノウハウなどです。

テレアポしてアポイントを取る方法、成約率を上げる資料郵送方法などを順に説明していきます。

基本的には、訪問せずに契約までできるのがベストです。とは言うものの、いきなり営業スタイルをがらりと変えるのは難しいかもしれません。また地域密着ビジネスの場合は、訪問が必要になるケースも少なくありません。訪問したほうが成約率が上がるのも事実です。

効率よく訪問して成約するためには、事前のアポは必須です。

基本はＴＥＬ、即アポ

お客さまからの問い合わせが入るとうれしいものです。成約率も高いし、何よりも売り込まなくていいため、モチベーションが上がります。

ところで、問い合わせてきた人はどのような心理状況なのでしょうか？

実を言うと、問い合わせてきた人はあなたに対してあまり期待をしていません。「オファー（無料小冊子や無料お試し）がほしかったから」という軽い気持ちで問い合わせてくる方がほとんどです。なぜなら、さっきまで全然知らなかった会社の広告を見て問い合わせているのです。つまり、「怪しい会社かも……」と疑いながら問い合わせをしているのです。

この時点では、相手はあなたのことをあまり信用していません。こういうときは、相手の期待を上回ることができれば、信頼性もグンと高まります。とても簡単な方法で、しかも問い合わせ客からの信頼を得る方法があるのでご紹介します。

それは、問い合わせてきたお客さんに、すぐに「お問い合わせ、ありがとうございます。お問い合わせは間違いなく受け付けました」と連絡することです。

連絡方法は「電話」か「Ｆａｘ」、「メール」にします。契約に至るまでに訪問が必要な業界は、「電話」がいいでしょう。訪問を必要としない業界では、電話をしなくても問題ありません。Ｆａｘで問い合わせてきた場合はＦａｘで、メールで問い合わせてきた場合はメールで受付確認を送ります。

なぜ、受付確認の連絡が有効なのか？

問い合わせてきたお客さんは、本当に問い合わせがきちんと受け付けられたかどうか、不安だからです。お客さんの中には、わざわざ電話をかけてきて、「今、Ｆａｘ送ったのでよろしく」とひと言だけ言って電話を切る人もいます。すぐに資料を送っても2〜3日はかかります。それまでほったらかしは、あまりよい方法とは言えません。

たとえば、あなたがある会社にメールで問い合わせたとき、自動返信とは別に、「問い合わせは間違いなく受け付けました。資料は明日発送します」と来たら安心しますよね？　逆に、問い合わせても何の連絡もないと不安にならないでしょうか？　「きちんと資料を送ってくるのかな？」と思うかもしれません。
また、メールではなくFaxで問い合わせた場合はなおさらです。「Faxはきちんと届いたかな？」、「他の書類にまぎれてないかな？」と思うかもしれません。そんなとき、「お問い合わせのFaxは間違いなく受領しました。資料は明日発送します」というFaxがすぐに返信されてきたらどう思うでしょうか？　意外としっかりした会社だな、と感じるはずです。

ポイントは「即対応」することです。

【受付確認をFax（あるいはメール）で行なう場合】

訪問をあまり必要としない業界は、Fax（あるいはメール）で受付確認を返信するといいでしょう。Faxでの問い合わせはFaxで、メールでの問い合わせはメールで返信します。
また、資料到着予定日などを書いてあげると親切です。あくまでも受付確認なので、売り込まないほうがいいでしょう。

【受付確認を電話で行なう場合】

即電話をするときは、ポイントがあるので次項で説明します。

問い合わせ客への電話トーク

訪問が必須の会社はＦａｘではなく、電話で「受けつましたよ」と伝えると効果的です。
この電話には２つの目的があります。

１　問い合わせのＦａｘが届いているかどうか、不安なお客さんを安心させる

２　即アポ

そうです。即アポが取りやすいのです。問い合わせてきたということは、今まさに興味を持っている証拠です。しかも、時間的にゆとりがあるからこそ問い合わせてきているのです。ですから、資料を送ってから２～３日後の「電話」では遅い場合があります。

とは言うものの、注意点があります。電話をすると売り込みたくなりますが、決して売り込んではいけません。あくまでも、「Ｆａｘを受けつけましたよ」と伝えるのが目的です。即

アポを取りたいのはやまやまですが、決して売り込んではいけません。**訪問アポが取りたければ、訪問したいと言ってはダメ**、ということです。

わかりやすくするために、具体例を挙げながらご説明します。

あなたがお客さんという設定です。あなたは、ちょっと気になる広告（ＦａｘＤＭや新聞広告）を見つけました。そこで、電話で問い合わせてみることにしました。

あなた「広告を見ました。資料を送ってほしいのですが……」

先方「お問い合わせ、ありがとうございます。くわしいご説明をしますので、ぜひ訪問させてください」

と言われたら、あなたは何と答えるでしょうか？　おそらく、「とりあえず、資料だけで結構です」と言うのではないでしょうか？

さてここで、あなたやあなたの会社の営業マンを思い出してみてください。どのように、電話をしているでしょうか？

「お問い合わせありがとうございます。ぜひ、一度おうかがいしたいのですが……」

「お問い合わせありがとうございます。くわしい説明をしたいので、訪問させていただけませんか？」

と、こんな感じの電話をしているのではありませんか？

結論から言うと、このような電話トークではダメです。ごく一般的な電話トークですが、これでは、この段階で断わられるのがオチでしょう。訪問することによって成約率が上がる業界では、訪問アポ率を上げる電話トークをしなければなりません。

訪問アポを取りたいときには、「訪問させてください」とか「訪問して説明します」といった言葉を出してはいけません。

では何と言うか？　私が以前使っていて効果があったトークをご紹介しましょう。

訪問アポを取る電話トーク法

私が営業マン時代は、こんな電話トークを使っていました。とても効果が高かった電話トークです。効果があるので、今でもこの電話トークをクライアントに勧めているほどです。

電話トーク①

「お問い合わせ、ありがとうございます。まずはご住所をいただけますか？……（住所をメモする）……。資料は本日発送しますので、到着は○月○日の予定です。資料到着までに3日ほどかかってしまいます。ご不明な点があれば、今簡単にご説明しますがいかがいたしますか？……（お客さんからの質問など）……。**訪問したほうがよろしいですか？**」

電話トーク②

「お問い合わせ、ありがとうございます。……（住所確認および到着日などの説明）……。お急ぎでしたら**訪問も可能ですが、いかがいたしますか？**」

ポイントは太字部分です。一方的に、「訪問します」とは言わないで下さい。そうではなく、お客さん自身にたずねるのです。「訪問したほうがいいですか?」と訊くと、お客さんが無条件で拒否することはありません。微妙なニュアンスなので、もう少しご説明します。

まずは、P131の電話トークの場合です。

「おうかがいしたい」とか「訪問させてください」というお願いの言葉を使っています。お客さんは頼まれる側です。この場合、立場的には「お客さんが上で営業マンが下」というイメージです。

多くの人は、頼まれることが嫌いです。基本的に、何かを頼まれるときはめんどうくさいことが多いということを経験上知っているからです。ですから、何かを頼まれると無条件で拒否してしまいます。膝を叩くと足がポーンと自動的に跳ね上がるのと同じです。無意識に拒否してしまうのです。お客様は、「お願いされるのは嫌」なのです。

次に、私が紹介した電話トークの場合です。

「訪問させてほしい」とか「訪問したい」という言葉を一切使っていません。「訪問しましょうか？」と提案しているのです。立場的には、「対等、あるいは営業マンが上」というイメージです。どちらかというと、営業マンのほうが上から目線なのです。「あなたのために訪問してあげてもいいですよ」というニュアンスです。

つまり、お願いしていないのです。お願いをしていないため、無条件の拒否もありません。

また、**「お客さんのため」を前面に出していること**も重要です。「お急ぎなら、訪問もできますよ」、「ご不明な点があれば、今簡単にご説明しましょうか？」といった感じで、「お客さんのため」を前面に出しています。これなら、相手も売り込まれている気がしません。

本気のお客さんほど、営業マンから切られることを嫌います。逆に、営業マンが一歩引いていると、お客さんの側から寄ってくるものです。営業マンとお客さんの関係は男女関係のようなものです。「会いたい、会いたい」とグイグイ来られると相手は引いてしまいます。ちょっとクールな男性がモテるのと同じです。

相手のメリットをわかりやすく伝える

「当社は……」、「当社は……」とか「この商品は……」、「この商品は……」というのは最悪のトークと言っていいでしょう。**自分が伝えたいことを伝えるのではなく、相手が知りたいことを伝えるのが重要です。**

では、相手が知りたいことは何か？　答えは簡単です。「その商品（提案）は、自分にとってどんなメリットがあるのか？」です。

あなたを含めて、人は自分のことばかりを考えています。何か行動を起こすときは、自分のメリットについてまず考えています。

普通、メリットのない商品は買わないし、メリットのない提案は受けません。

ということは、広告にせよ、電話トークにせよ、資料送付にせよ、相手のメリットをわかりやすく伝えることが重要になります。

・資料請求すると、あなたはこんなメリットがあります
・小冊子を読むとこんなメリットがあります
・訪問商談するとこんなメリットがあります
・契約するとこんなメリットがあります

相手に何か行動してもらいたいときは、必ず相手のメリットを伝えるようにしてください。決して、「当社は……」とか「この商品は……」としつこく言ってはいけません。このトークは、前述の合コン男の最悪トークと同じです。

そうではなく、相手の知りたい情報、相手のメリットをわかりやすく伝えると、嫌われることはなくなるのです。

資料送付時の注意点

ＦａｘＤＭをはじめとする広告で、問い合わせ客を集めます。そして、集まったお客さんに電話やＦａｘ、メールで受付確認をします。その後、必要になるのは資料送付です。この項では、成約率を上げるための資料送付についてご説明します。

まず、以下のようなポイントで資料と送付方法についてチェックしてみてください。

Ｑ１　資料はわかりやすいですか？　初めての人にでも理解できますか？
Ｑ２　注文方法はわかりやすいですか？
Ｑ３　注文用紙は入っていますか？
Ｑ４　思わず申し込んでしまうような、魅力的なオファーは入っていますか？

多くの会社が、資料の送付を軽く考えています。「資料請求」が来たら、ただ単に資料を送るだけになっている会社は少なくありません。一度、自社の資料を見直してみてください。

ここで、最も重要なのは「オファー」です。資料は送りっぱなしにしがちです。

しかし、資料を受け取ったその瞬間に、お客さんが申込書を書いてしまうほどの魅力的なオファーを入れておくことが大切です。

よく、送付状とリーフレットだけを入れて送る人がいますが、これは論外です。そもそも、リーフレット自体がわかりにくい会社が多いからです。せっかく見込客がたくさん集まったとしても、リーフレットだけでは成約することはできません。資料請求者の5～20％は、今すぐ客です。この人たちが飛びつくほど魅力的なオファーを考えてみましょう。

たとえば、最初の広告で「成功事例無料小冊子」をオファーにしていたとします。資料請求が入ったときに、小冊子だけを送っても意味がありません。小冊子を読んだ人が、「なるほど、これは役に立つ」と思ったとき、次に取るべき行動をきちんと明記してあげるのです。

その小冊子が、あなたの商品やサービスを使って売上げが上がった成功事例集であれば、次に出すべきオファーは、「無料お試し」です。資料をただ単に送るだけではなく、次に相手に取ってほしい行動をわかりやすく書くようにするのです。

また、ここで注意していただきたいことは、無料小冊子の次のステップとして、100万円の商品購入はあり得ない、ということです。無料から100万円では、その差が大きすぎるからです。

契約とは、階段を一段ずつ昇ってもらうようなものです。1歩で昇ってもらおうとしてはいけません。いくつかの階段にわけてください。「無料小冊子」↓「3ヶ月無料お試し」↓「100万円の商品購入」というように、いくつかの階段にわけるようにするとうまくいきやすいでしょう。

【郵送資料のオファーの例】

・○月○日までは、すべて無料でお試しできます。申し込みは今すぐ!
・今回の資料請求者30名の中から、無料モニターを3社だけ募集します。申し込みは今すぐ
・全額返金保証! 60日以内であれば、理由を問わず返金いたします。まずはお試しください!

注文用紙を忘れるな！

意外に思われるかもしれませんが、注文用紙が入っていない資料や、注文方法が書かれていない資料も少なくありません。「ほしい人は電話してくるでしょ？」という考えは甘いと考えてください。

たしかに、本当にほしい人は電話をしてきます。ですが、これはごく少数派です。多くの人は悩んでいます。「この会社でいいのかな？」、「今日注文しなくてもいいんじゃないかな？」と考えているのです。このような状態のときに致命的なのは、「注文方法がわからない」、「注文用紙が入っていない」という状況です。

「注文方法がわからない資料を送るなんて、そんなバカなことをするはずがないだろう！」と腹を立てる人がいるかもしれませんが事実です。

私自身、さまざまなサービス、商品の資料請求をしたことがあります。ところが、注文用紙が入っていない、あるいは注文方法がわからないといったことが本当に多いのです。

以前、私は通信販売でシャンプーを買ったことがあります。シャンプーはリピート商品であり、1～2ヶ月で使い切ってしまうため、次回注文が取りやすい商品です。にもかかわらず、送られてきたシャンプーには次回注文用紙が入っていませんでした。パンフレットにひと言、「追加注文はお電話で！」とあっただけです。

これは致命的です。電話だけだと、多くの注文を逃してしまいます。本当に追加注文がほしいなら、Ｆａｘやハガキ、メール、インターネットでも追加できるようにしておくべきです。また、1本の追加注文を取るよりも、年間契約を取ったほうが売上げが安定します。ですから、お得な年間契約プランを作って、それを勧めるべきなのです。

あなたが送付している資料はどうでしょうか？　注文用紙は入っているでしょうか？　注文方法はわかりやすいでしょうか？　また、どれが一番お勧めか、わかりやすくなっているでしょうか？

再度、送付用の資料を見直してください。

郵送資料のチェック項目
□注文用紙、問い合わせ用紙は入っているか？
□相手が次に取るべき行動は明確になっているか？
□注文方法、問い合わせ方法、値段がわかりやすくなっているか？
□すべての資料に連絡先が記載されているか？
□今すぐ注文しなければならない理由が書かれているか？
□期限や数量が限定されているか？
□注文したときに得られるメリットが明確になっているか？
□契約を妨げる要因が残っていないか？
□もし自分だったら、迷わず契約するか？

リーフレットと注文用紙だけでは、わかりにくい場合がほとんどです。

とくに重要なのはオファーです。ぜひ、相手が飛びついてくるようなオファーを考えて下さい。

郵送用資料はどれくらいのボリュームが必要か？

では、問い合わせしてくれた人に送る資料は、どれくらいのボリュームが必要なのでしょうか？

基本的には、数ページの薄っぺらな資料よりも、分厚い資料のほうが反応は取りやすいはずです。

以前、私が代理店募集用に送った資料送付の例を挙げましょう。

送付状……1ページ
前書き……3ページ
提案書……13ページ
契約書……2ページ
規約……3ページ
以上、合計22ページの資料を送りました。

最初の前書き3ページで、全体の流れを説明しています。この前書き3ページを読んだだけでも、相手側のメリットが伝わるように書いています。詳細が書かれているのは、提案書部分です。わかりやすくするため、提案書13ページのうちの4ページはQ＆A形式にしています。

自社の商品のメリットを正確に伝えるためには、ある程度の枚数が必要になります。少なくとも、数ページ程度の薄っぺらな資料になることはないはずです。

送付状例

全国労務サポート　事務局

[redacted]

書類送付のご案内

謹啓　貴社益々ご清栄のこととお慶び申し上げます。
この度はパートナー社労士募集の資料請求を頂きありがとうございます。

弊社「全国労務サポート」は社労士の全国組織です。
現在、弊社宛に問合わせてくる全国のお客さんを一緒にフォローして頂ける仲間を募集しております。「全国労務サポート」には全国からお問合わせが入ります。しかしながら、まだすべてのお客さんをフォローできる体制ではありません。そこで、全国労務サポートからの委託でお客さんをフォローして頂ける社労士さんを募集しております。もし契約となりましたら、報酬総額の７割をお支払いたします。顧問契約の場合は85%をお支払します。

下記書類を送付させて頂きます。興味ございましたら、**同封の「委託（依頼）契約書」を記入、押印の上、2部とも返送して下さい。**
ご不明な点などありましたら、直接お電話頂いても結構です。説明させて頂きます。

敬　具

記

- □「パートナー社労士募集のご提案」
- □「パートナー規約」
- □「委託（依頼）契約書」・・・２部
- □「返信用封筒」

前書き例1／3

開業社労士の最大の悩みとは・・・

社労士事務所を経営していて最も悩むことはなんでしょうか？それは「お客さんがいない！」という事実です。私も開業当初は集客に悩まされた一人です。自宅で開業して、電話とFAXを用意して、広告を出して準備万端！と思っていたのですが、さっぱり電話が鳴らない。「ひょっとして電話線がつながっていないのか？」と思い、受話器を上げてみるが、しっかりつながっている。

お客さんがいない！

これが開業社労士の最大の悩みです。
「お客さんさえいれば・・・。」「商談さえできれば・・・。」
そうなんです。我々社労士はお客さんさえいれば、きちんと商談し、最適な提案ができます。しかしながら、商談する相手がなかなか見つからない。知り合いの会社に行っても仕事にはつながりません。もちろん、飛込み営業で契約できるはずもなく、ただくたびれるだけです。

開業社労士として成功するためには、2つの異なる能力が必要だということに私は気付きました。1つは「社労士としての知識」。もう1つは「お客さんを集めてくる力（＝集客力）」です。どちらが欠けてもダメですが、「集客力」がないと致命的です。というのも、「集客力」が弱いと商談の機会すら与えられません。社労士としての実力を発揮する場がないのです。F1ドライバーも車が無ければタダの人。社労士も商談相手がいないとタダの人なのです。

そこで私は「集客力」をつけるために、様々な本を読みあさりました。高額なセミナーにも出ました。有料のノウハウ集も買い勉強しました。今までの投資金額は１００万円を越えます。たくさんの情報と、試行錯誤の結果、見込客を簡単に集める方法を開発することができました。その中でも特にうまくいっているのが「継続雇用定着促進助成金」に関しての広告です。１日で１０件以上の見込客を集めることも可能です。私自身は２日間で３２件の問合わせから即日４件２００万円の契約を取ることができました。

同様の方法で、知り合いの社労士は、３７件の問合わせ８件２４０万円の契約。別の社労士は１２件の問合わせで３件の契約が取れました。これはほんの一例です。実際はもっともっと契約できるのですが、件数が多すぎると対応ができないため、広告を控えているような状況です。

この調子だと全国から問合わせは３０００件を超える勢いです。ところが私の体は一つです。全国からの問合わせをすべてフォローできるわけではありません。近郊のお客さん以外は全くフォローできない状況です。

（次ページへ続く）

前書き例2／3

これを読んでいる社労士の方にお願いがあります。

全国からの問合わせに対応するために力を貸して頂けないでしょうか？というのも、私のところには全国から問合わせが入ります。しかしながら、ほとんどの問合わせは私の営業エリア外です。せっかく問合わせを頂いているのに、何の役にも立てないので、お客さんも困っています。

そこで私は、社労士の全国組織「全国労務サポート」を立ち上げることにしました。私は、問合わせて来る全国のお客さんの役に立ちたい！と思っています。エリアごとにパートナー社労士を集め、お客さんをフォローして欲しいと考えています。

ただし、お客さんを無料で紹介する代わりに、もしめでたく契約となった時は、あなたが受け取る報酬総額の３割を頂ければと思います。例えば報酬総額が１００万円の場合、３０万円を「全国労務サポート」が、７０万円をパートナー社労士さんが受け取ります。「３０万円も取られるの？！」と思われるかもしれません。しかしながら、もし「紹介」という制度がなければ、そもそも７０万円すら得ることは出来なかった金額です。本来であれば、誰か別の社労士のポケットに入る予定だったお金をあなたは手にすることができるのです。そう考えると「３０万円損をした」というよりも「７０万円得をした」と言えます。実際、年収５００万円の社労士なら、年収は５７０万円になります。どう考えても年収は増えていますよね？あなたの年収は増えることはあっても減ることはないのです。

もちろん成功報酬は契約できた時だけお支払い頂ければ結構です。契約できなかった時のペナルティなどもありません。つまり、あなたにリスクはありません。全国３０００社の弊社の見込客を紹介します。

私の考えに賛同してくれる社労士の方はいませんでしょうか？

なお、パートナーとなって頂ける社労士の方のメリットは以下の通りです。

１、お客さんを無料で紹介します。エリアにもよりますが、１０～５０件程度の問合わせ客を紹介します。
２、４件に１件の割合で契約できる優良なお客さんですので、収入増につながります。
３、現時点での問合わせは「継続雇用定着促進助成金」ですので、新米社労士の方でも
　　フォローおよび契約できると思います。
４、必要があれば、フォロー用の資料もこちらで用意します。
５、もし契約できなくても、なんのペナルティもありません。
６、「お客さんがいない！」という最大の悩みから開放され、社労士業務に専念できます。

（次ページへ続く）

前書き例3／3

また、パートナー社労士の条件としては、

１、お客さんから受け取る報酬総額の３０％を、全国労務サポート事務局が受け取ります。
　このお金は、全国組織の運営費、広告費となります。
２、パートナー登録料として、初回のみ５２５０円（税込）かかります。
　５２５０円は名刺１００枚分の代金および資料送付代となります。

「全国労務サポート」がお客さんを無料で紹介しますので、そのお客さんのフォローをしてもらえないでしょうか？私は集客が得意です。これを読んでいる方は、プロの社労士だと思います。お互いが得意なことを担当できれば、**Win-Winの関係**になれると思います。私はお客さんを集めてくることだけに集中できるようになります。社労士の方は集客に悩むことなく、社労士業に専念できるようになります。

今回、パートナー社労士を全国で募集します。ただし、パートナー社労士が多すぎると、充分にお客さんを紹介できなくなります。パートナー社労士の募集は、**基本的に１県あたり２名**（大都市を除く）となりますのでご了承下さい。ちなみにこの資料は全国３００件の社労士事務所に郵送しています。

パートナー社労士の申込は簡単です。

同封の契約書に記名捺印の上、「全国労務サポート事務局」まで郵送して下さい。事務局に届き次第、担当者よりご連絡します。**早ければ１週間後にお客さんをご紹介**致します。

追伸
今までの営業方法に様々な悩みを抱えつつ、問題を先送りにしているケースは少なくないのではないでしょうか？あなたにとってリスクは名刺代の5250円だけです。お客さんを無料で紹介するというメリットの多い提案となります。今回のパートナー社労士募集は基本的に１県あたり２名までです。先延ばしにご注意下さい。申込は簡単です。同封の契約書に記名押印の上、郵送するだけです。同じエリアの社労士さんが申し込む前に、決断されることをお薦めします。

全国労務サポート
〒984-0012　仙台市[redacted]島2-3-9-103

あなたが送った資料は読まれていない

資料請求してくれたお客さんには資料を送ります。そして送った後は、「資料はわかりやすかったかな？」、「問い合わせは来るかな？」、「早く注文が来ないかな？」とワクワクしていることでしょう。

しかし、ここで残念なお知らせがあります。

実は、あなたが送った資料は読まれていません。**お客さんは、自分で資料請求をしてきたにもかかわらず資料を読んでいないのです。**

驚かれるかもしれませんが、送られてきた資料を開封すらしない人も少なくないのです。

ですから、お客さんが送った資料を隅々まで読んでくれていると思ったら大間違いなのです。

お客さんは開封すらしていない。そんな現実があります。実際、私自身も開封していない資料がたくさんあります。

あなたはどうでしょうか？

あなたの周りにも、開封していない資料はありませんか？　あるいは、届いたときに開封はしたものの、まだ読んでいない資料はありませんか？　もしあるなら他の人も同じです。あなたが送った資料が１００％開封され、読まれているということはないのです。

無料サンプルの場合も同じです。「無料サンプルを送ったから使ってもらっているはず」と考えるのは早計です。「サンプルが届いたら引き出しにしまう」……そんな人も多いのです。

サンプルは、まず使ってもらえないという前提で考えてください。私の場合、サンプルはおろか、有料で購入した商品すら開封しないこともあります。アマゾンから送られてくる書籍のうち、すぐに開封するのは半分くらいです。1万円で購入した英語教材は開封時にチラ見しただけで、その後5年間書類の間に沈んだままになっています。

また、５万円で購入した教材は、ずっと開封せずに3ヶ月が経過してしまいました。そうすると不思議なもので、開封するのがもったいなくなってくるのです。できれば、開封せずに保存しておきたい！　そんな気持ちです。

私だけが特別？　そうかもしれません。ですが、一定の割合で「資料を開封すらしない人」がいるということもたしかなことなのです。

どんなにすばらしい商品でも、どんなにわかりやすい資料でも、またどんなに魅力的なオファーでも、資料を開封してもらえなければ意味がありません。

では、どうやって資料を開封してもらうのか？　それを次項でご説明いたします。

資料を開封してもらうために必要なこと

資料を送付してしばらくすると、ほとんどの会社は、資料の請求者に対して電話を入れます。

「資料をご覧になっていただけましたか？」

こんな感じで電話する会社が多いようです。

しかし、この電話だと「まだ見ていません。こちらからお電話します」と言って電話を切られるのがオチです。


と言うのも、電話は相手の都合を考えずにかけるものだからです。あなたがお客さんに電話をするとき、お客さんは何か仕事をしているはずです。しかし電話によって、その仕事は中断されてしまい、イライラする人もいるはずです。たとえ興味があっても、話を聞いている時間がない場合も多いのです。

では、どうやって資料を開封してもらい、あなたの商品に興味を持ってもらうことができるのか？

有効なフォロー方法は、電話とFaxの組み合わせです。ＦＡＸを送っておけば、お客さんは時間があるときにそれを読むことができます。お客さんは、自分の時間をコントロールできるため、イライラすることはありません。Ｆａｘでのフォローは、とても有効なのでお薦めです。資料送付後、３日目に電話、１週間後にＦａｘ、２週間後にＦａｘ、３週間後にＦａｘ、後は１ヶ月ごとにＦａｘするといいでしょう。

Ｆａｘを送ることにより、お客さんは送られてきた資料のことを思い出してくれます。開封していない人は開封してくれます。「電話をしようと思っていたが忘れていた人」は、思い出して電話をしてくれます。

資料を開封していない人に開封してもらうには、いくつかのポイントがあります。フォローＦａｘでは、「開封してください！」と叫ぶのではなく、「開封したくなるように仕向けて」ください。

このあたりは「北風と太陽」の寓話と同じです。では、どうしたら開封したくなるのか？どうしたらサンプルを使いたくなるのか？

たとえば、お客さんの成功事例や感想はとても有効です。つまり、既存客の成功事例や喜びの声をＦａｘレターで送るのです。すると、お客さんの喜びの声を読んだ人はどう思うでしょうか？「この人はすごく喜んでいるけど、いったいどんな商品なんだろう？」と、あなたの商品に興味を持ってくれることでしょう。

「サンプルの○○を使ったら、○○というよい状態になった！」
「○○を導入したその日から、○○になりました」
「半信半疑で試してみたが、今では○円も利益がアップした」

というような感想があれば最高です。

なお、Ｆａｘレターを送る代わりにメルマガを送ってもいいでしょう。

以降、毎月1回送るＦａｘレター（もしくはメルマガ）については、7章でくわしく説明します。

5章のまとめ

■自分が伝えたいことを伝えるのではなく、相手が知りたいことを伝える
■問い合わせが来たら即ＴＥＬＬし、即アポを取る
■「訪問させてください」は最悪の電話トーク
■「お急ぎであれば訪問も可能ですが、いかがいたしますか？」と話すとアポが取れる
■よい送付用資料は「わかりやすい」「魅力的なオファー」「相手のメリットが明確」
■送付用資料は量が多いほうが反応が高い
■資料を送っただけでは成約できない。資料は読まれていない、サンプルは使われていないことを前提に考える
■Ｆａｘレターやメルマガを月１回以上出すと成約率が上がる

6章

成約率を2倍にする魔法のセールストーク

売り込みたいならしゃべるな!
営業マンの仕事は「しゃべること」ではなく「聞くこと」
沈黙は金(沈黙すればカネになる)
名刺交換後が最大のチャンス!
会社説明の後にもチャンスあり!
商談で10分以上自分がしゃべったら失敗

売り込みたいならしゃべるな！

誰にでもできて、学んだその日から成約率を2倍にすることができるセールストークを知りたくありませんか？　この章では「成約率を2倍にする魔法のセールストーク」をお伝えします。

「どうせ、難しいんでしょ？」

いいえ、とても簡単です。どんな営業マンでもできるし、難しいテクニックを覚える必要もありません。また、何の道具も必要ないし、たったの1分でマスターできます。

このセールストークがあったからこそ、私は競争の激しい外資系の会社でアジア太平洋地区（日本、韓国、台湾、豪州など）の営業でトップに立つことができたのです。

このセールストークを開発するきっかけになったのは、今から10年以上前のことです。

当時、私は住宅メーカーの営業マンだったのですが、ちっとも売れないダメ営業マンでした。

その頃、私はとても悩んでいました。毎日のように上司に怒られていましたが、売れないものは売れません。

「俺って、営業センスないのかな〜」と半ばあきらめていました。

そんなとき、その会社のトップ営業マンに同行するチャンスがありました。

「よし、トップ営業マンのセールストークを盗んでやる！」

その営業マンと同じ車に乗り込んで、あるお客さんの家に着きました。お客さんと軽く挨拶を交わした後、いよいよ商談の始まりです。その日は、注文書をもらうための「決め込み」の日です。もう月末も迫っていたため、絶対にその場で注文書をもらう必要がありました。

私は、これからいったいどんなセールストークが始まるのか、どんな決め込み話法があるのか、ワクワクしていました。

ところがそのとき、信じられないことが起こったのです。私は唖然としてしまいました。

何とその営業マンは、ひと言もしゃべらないのです。仕様書と間取り、概算見積り、などをテーブルの上に置いただけで、あとは出されたリンゴをシャリシャリかじっているだけ。彼は、お客さんから質問されたときだけ手短かに答えます。しかし、それ以外はまったく何もしゃべらずリンゴを食べています。

「えー！　なぜ何もしゃべらないの〜？」

私は心の中で叫びました。

今日、お客さんから判子をもらわなければならない。それなのに、決め込み話法どころか、言葉すら発しない……。そんなのありなのか？

沈黙が流れ、隣にいる私のほうがドキドキです。沈黙が辛すぎて、私がしゃべらなければ、と思ったほどです。

そんな調子で1時間が経ちました。

するとどうでしょう。お客さんのほうから「契約についての流れ」、「入金の時期」などについて、細かく聞いてくるではありませんか！ そして、最終的に注文書をもらうことができたのです。

帰りの車中で、その営業マンに聞いてみました。なぜ、沈黙なのか？ なぜ、売込みをしないのか？ すると、その営業マンいわく、

「すでに商品や価格の説明は充分にしている。後は、お客さんが契約するという決断ができるようになるまで待つだけ。こちらからいろいろ説明して売り込もうとすると、お客さんから嫌がられる」

とのことでした。

つまり、**「売り込みたいならしゃべるな（しゃべり過ぎるな）」**ということなのです。

成約率を2倍にする魔法のセールストーク。

その正体は、**「何もしゃべらない（＝沈黙）」**だったのです。

営業マンの仕事は「しゃべること」ではなく「聞くこと」

「売り込みたいならしゃべるな（しゃべり過ぎるな）」

この言葉を聞いたとき、私はハッとしました。

それまで私は、「どうやって説得するか？」、「もっと説明しなければ！」ということだけを考えていました。そして、自分がしゃべることだけを考えていました。営業マンはしゃべるのが仕事だと思っていたからです。

ところが、実際は逆なのです。営業マンはしゃべるのが仕事ではなく、聞くのが仕事だったのです。

これは、ＢｔｏＣ（対個人営業）でもＢｔｏＢ（対法人営業）でも同じです。このときの経験をもとに、ＢｔｏＢ（対法人）向けに編み出したのが、今からご紹介する魔法のセールストークです。

世の中には、営業マンと呼ばれる人たちがたくさんいます。熱心な営業マンほど、「どうやって聞いてもらうか?」、「どうやって説得するか?」、「どういうセールストークが有効か?」を研究しています。書店に行けば、「営業ノウハウ本」、「セールストーク本」、「説得術」などがビッシリと並んでいます。

しかしながら、営業マンの仕事は「しゃべること」ではありません。**「聞くこと(=ヒアリング)」が仕事です。**「ヒアリングが重要」なことは、いろいろな本に書かれているため、ご存知の方も多いことでしょう。

ところが、実際の営業現場を思い出してください。あなた自身はどうでしょうか? 商談のときにしゃべり過ぎていませんか? あるいは、しゃべり過ぎているのに気づいていない、ということはありませんか?

あなたが大丈夫だとしても、あなたの部下はどうでしょうか? 「ヒアリングが重要」とわかっていながらも、なかなかできていないということはよくあることです。

わかっちゃいるけどできない。それが人間です。簡単で単純な方法でないと、なかなか実践できないものです。

では、どうやってお客さんにしゃべってもらい、ヒアリングするのか?

沈黙は金（沈黙すればカネになる）

お客さんにしゃべってもらう方法。

それは、**「商談中に、あえて沈黙を作る」**ことです。

「商談中に沈黙を作る」――たったこれだけです。たった1行のノウハウですが、とても強力です。実際にやってみると、あなたはこの威力に驚くはずです。


では、「商談中に沈黙を作る」とどうなるか？

誰でも沈黙は嫌ですよね？　普通の営業マンは、「沈黙になると気まずいので、何かしゃべらなきゃ！」と思います。ところが、実は商談相手も同じことを考えています。商談相手も、「沈黙は気まずいので何かしゃべらなきゃ！」と思っているのです。あなたも商談相手も、両方とも「沈黙は嫌」なのです。


あなたが意図的に沈黙を作ると、相手は沈黙を嫌って「何かしゃべらなきゃ！」と感じます。

その結果、相手のほうからどんどんしゃべってくるようになります。これは本当です。

そして、相手がしゃべってくる内容はほとんどの場合、あなたの商品に関係があることばかりです。

「今、○○という商品を使っているけど、スピードが遅くて困っている」とか「御社の競合の○○を使っているが、毎月○円も費用がかかっている」など、相手のほうから相談してくるのです。

あなたは、ただ相槌を打つだけでOKです。「それはたいへんですね」とか「結構な額ですね」というように相手の言葉に対して相槌を打つのです。しかし、ここで注意していただきたいのは、「相手がしゃべっているときは話に割り込まない」ということだけです。あくまでもヒアリングに徹してください。

経験上、相手は10分程度は一方的に話し続けます。その間はただ相槌を打ちながら、「それはこういうことですか?」とか「具体的には、月々いくらなんですか?」というように相手の状況をくわしくヒアリングしていきます。たったこれだけで、あなたが見積りを出すうえで必要な情報のほとんどを入手することができます。

そして、さんざん相手に話してもらった後で、あなたはこう言ってください。

「わかりました。御社は今、○○という問題を抱えているのですね。それは、弊社の○○で解決できます」

すると相手は、「それって、どういうことですか？　くわしく教えてください」と言ってくるはずです。

このときになって初めて、あなたの商品の説明に入るのです。逆に言うと、相手がすべてを話し終わるまで、商品説明に入ってはいけません。

相手の問題点もわからないまま商品説明をされると、相手は「売り込まれている」と感じてしまいます。売り込みは、誰でも嫌なものです。これでは、うまくいく商談もうまくいきません。

沈黙を作った後はヒアリングに徹します。充分なヒアリングを行なった後、つまり相手が話し尽くしたときに初めて、商品説明に入る許可が下りた、と考えてください。

では、どんなタイミングで沈黙を作ればいいのでしょうか？

名刺交換後が最大のチャンス！

前項で述べた、沈黙を作るベストタイミングは「名刺交換して世間話をちょっとした後」です。名刺交換をして、

「今日はいい天気ですね」
「御社は駅から近いですね」
「このビルは見晴らしがいいですね」

このような感じで、笑顔がすてきな愛想のいい営業マンとして振る舞ってください。後で沈黙を作るため、ここではできるだけ明るく振る舞うのです。世間話で愛想悪く、商談でも沈黙だと変な営業マンだと思われてしまいます。ですから、世間話は積極的に自分から話すようにします。

また、せかせかした印象を与えないように、意識してゆっくりとしゃべることも大切です。ひととおり世間話をした後の商談に入る直前、あえて沈黙を作るのです。

今までにこやかに話していたのに、商談が始まりそうな瞬間には絶対にしゃべらない。沈黙が流れますが、絶対にあなたからしゃべってはいけません。最初は沈黙が辛く感じますが、どんなに沈黙が辛くても、あなたからその沈黙を破ってはなりません。少なくとも20秒間は、相手に会話を促すように相手の目を見つめながら沈黙を続けてください。これを、名刺交換後の商談に入る直前に行なってください。

実際にやってみるとわかりますが、たった10秒の沈黙でも、ものすごく長く感じるはずです。しかし、これは商談相手も同じです。ほとんどの場合、5～10秒以内に相手のほうからいろいろとしゃべりかけてくるはずです。

このとき、沈黙の苦しさに負けて、あなたのほうから沈黙を破ってはいけません。その時点で、商談の主導権はあなたではなく相手に移ってしまうからです。そうなってしまうと、聞きたいことも聞き出すことができなくなります。

もし万一、自分からしゃべってしまった場合はどうすればいいか？　その場合でも、まだ挽回のチャンスはあります。

会社説明の後にもチャンスあり！

しかし、沈黙の辛さに耐えられず、あるいはうっかり自分からしゃべってしまうこともあるでしょう。また相手から、

「今日は、どのようなご用件でしたっけ？」

と聞いてくることもあります。

こんな場合は、まずは自社の会社案内を話すようにしてください。たとえば、「弊社の名前を聞いたことはありますか？　弊社は上場企業○○の関連会社です。すでに○千社のユーザーがいます。弊社では、○○という商品を扱っています。今日は、御社の○○についておうかがいするためにやってきました」といった感じで、自社の信頼度を高める情報を伝えます。

そして、ここであらためて沈黙します。20秒間の沈黙を作ってください。どんなに苦しくても、20秒間の沈黙を守ってください。

すると、相手のほうから現在の問題点について、いろいろと相談してきます。こうなったらもう大丈夫。あなたは、ただ相槌を打って、相手の言うことをヒアリングするだけです。

このように、沈黙を作るチャンスは2回あります。この2回のチャンスを忘れずに、20秒間の沈黙に耐えさえすれば、きわめて高い確率で成約できるようになります。本当に、面白いように契約が取れるようになるのです。

しかしこの2回のチャンスで、両方とも自分から沈黙を破ってしまったらどうするか？

残念ながら、その商談はあきらめてください。100％失敗というわけではありませんが、成約率はかなり落ちてしまうからです。

細かい話をすればまだ挽回方法はありますが、「沈黙を20秒間作る」という簡単な方法すらできない人に、さらに高度なテクニックを教えても無駄というものです。

何度も言いますが、成約率を上げるためには「沈黙を作る」だけです。何の努力も練習も、テクニックも必要ありません。まずは、実践してみましょう。

ちなみに、私の営業マン時代（対法人営業）の成約率は50％でした。新規にテレアポして訪問した2件に1件の会社と契約していました。他の営業マンの成約率が20～30％程度だったことを考えると、成約率は2倍です。成約率が2倍になるということは、売上げも2倍になる可能性を秘めています。

成約率を2倍にする魔法のセールストークとは、**「名刺交換して世間話後に沈黙を作る」**だけなのです。

商談で10分以上自分がしゃべったら失敗

「商談中、10分以上自分がしゃべったらその商談は失敗」という言葉を聞いたことはありませんか？　基本的に、30分の商談なら10分以上しゃべってはならない、ということです。60分の商談でも15～20分が限度です。

しかし、「沈黙営業法」なら自分がしゃべり過ぎる、ということはありません。なぜなら、相手のほうからどんどんしゃべってくれるからです。だからこそ、成約率が高くなるのです。

「営業マンの仕事は聞くこと」だとわかっていても、これはなかなかできないものです。

私も、何度か後輩営業マンの同行営業をしたことがありますが、まあしゃべることしゃべること……。事前に、「しゃべり過ぎるな！」とくどいほど忠告していたにもかかわらず、しゃべるしゃべる……。まさにマシンガントーク。お客さんにしゃべる隙を与えません。真面目で人当たりもよくて努力家の彼がなぜ営業不振なのか、一瞬で理解できました。これでは、お客さんのことをヒアリングすることはできないし、成約も難しいでしょう。

商談の後で、後輩にしゃべり過ぎの件を注意しました。すると、驚いたことに自分がしゃべり過ぎていることにほとんど気づいていないのです。もちろん、「多少しゃべり過ぎかな？」とは思っていたようです。しかし、相手のトークを邪魔するほどしゃべっているとは気づいていませんでした。このように、自分自身のことはなかなか見えないものです。

「自分は営業経験が長いから大丈夫」という意識は禁物です。と言うのも、私は上司や先輩の営業に同行したこともありますが、彼らもまた、ほとんどがしゃべり過ぎでした。上司は商談の場にいることに意義があるのです。しゃべり過ぎては威厳を失い、値引きされてしまいます。

世の中の営業マンの8割はしゃべり過ぎですから、あなたもしゃべり過ぎの可能性が高いと言っていいでしょう。

あなた自身が、多少でも「しゃべり過ぎ」や「成約率の低さ」を感じたら、この〝沈黙営業法〟を試してみてください。

「名刺交換して世間話の後に20秒間の沈黙を作る」を実践してみると、その効果に驚かれるはずです。

6章のまとめ

■トップ営業マンは、あまりしゃべらない人が多い
■営業マンの仕事はしゃべることではない。聞くこと
■名刺交換をして世間話の後に20秒間の沈黙を作ると、商談の主導権を握ることができる
■沈黙が嫌なのは相手も同じ。我慢していると相手のほうからしゃべってくれる
■商談で10分以上自分がしゃべったら、その商談は失敗
■マシンガントークは最悪のトーク

7章

もらった名刺は捨ててしまえ！

あなたの会社に眠っている未活用の財産
もらった名刺は捨ててしまえ！
Ｆａｘレターやメルマガで定期フォロー
続けるだけで成約率が2倍に
Ｆａｘレターやメルマガで書くべき内容

あなたの会社に眠っている未活用の財産

あなたの会社では、見込客をきちんとフォローしているでしょうか？　営業マン任せになっていませんか？

ほとんどの営業マンは、短期的な数字しか見ていません。今月の売上げ、来月の売上げという、目先の数字ばかりを追いかけています。問い合わせ客がすぐに契約してくれるといいのですが、1、2ヶ月で契約できない場合は、そのまま放置されることが多いのです。

なぜ、そんなことが断言できるのか？　答えは簡単です。実は私がそうだったからです。私は外資系会社の営業マン時代、アジア太平洋地区（日本、韓国、台湾、豪州など）でトップの成績でした。しかし、それでも見込客のフォローはきちんとできていませんでした。

電話をかけて資料を送付して、商談をして成約にならなかったらそれっきり、ということも多々ありました。そして、久しぶりに電話をしてみると、他社と契約していたということも一度や二度ではありませんでした。自分自身はマメにフォローしていたつもりだったのですが、現実は厳しいものでした。

ここで、あなたにショッキングな事例をご紹介しましょう。現在、私の会社ではＨＰやＦａｘＤＭで集客していますが、お客さんが、初めて問い合わせてきてから1ヶ月以内に成約するのは全体の55％です。

そして、1～3ヶ月以内の成約が15％。３ヶ月～半年以内の成約が７％。半年～1年以内の成約が７％。1年以上経ってからやっと成約できるのが16％もあるのです。

もし、あなたが見込客のフォローを営業マン任せにしていたとしたらどうなるでしょうか？営業マンは目先の数字しか見えていません。きちんとフォローしているのは1ヶ月間程度で、それ以降はほったらかしになります。つまり、約半分の見込み客を取り逃がしてしまうことになるのです。

私の会社では、見込客に対しては定期的にフォローをしています。２００５年から、月1～2回メルマガを発行しています。メルマガは、宣伝というよりもＦａｘＤＭノウハウをお届けするというスタイルです。また、今は中断していますが、以前はメルマガに加えてＦａｘレターも毎月送信していました。こうして、定期的にフォローしているからこそ、1年以上経っても成約しているのだと思います。

もし、私がメルマガを発行せず、Ｆａｘレターも送信していなかったら？　想像しただけでも恐ろしいことです。おそらく、売上げは半分以下だったはずです。

もらった名刺は捨ててしまえ！

多くの会社で、活用されていない財産があります。それを活用すれば、売上げが倍になる可能性があります。それは、名刺をはじめとした見込客名簿です。

見込客は、さまざまなルートから入ってきます。ＨＰからの問い合わせ、電話での問い合わせや紹介などです。訪問した場合は、相手の名刺をもらっているはずです。

ところが、この見込客情報をきちんと管理していない会社がほとんどなのです。成約ずみのお客さんはエクセルなどで管理しているかもしれません。しかし、見込客を管理している会社は意外と少ないものです。

あなたの会社ではどうでしょうか？　たとえば、お客さんの名刺管理は営業マン任せになっていないでしょうか？　先ほども述べましたが、営業マンは目先の数字に忙しく、今すぐ客以外はほったらかしが普通です。本人はマメにフォローしているつもりでも、なかなかフォローできていません。

かと言って、営業マンを怒鳴りつけても何も解決しません。ではどうするか？

見込客を会社でフォローする体制を作るのです。それにはまず、見込客をデータ化することが必要です。最も簡単な方法は、エクセルに見込客情報を入力することです。住所やFax、メールアドレスをデータ化していれば、見込客フォローが楽になります。

Faxレターやメルマガも簡単に送ることができます。DMを郵送する場合は、住所をラベル印刷すればいいだけです。

とくにお勧めなのは名刺のデータ化です。簡単、かつすぐに見込客の名簿を作ることができます。営業を数年やっている人であれば、見込客の名刺を200枚程度は持っているはずです。10人の営業マンがいれば、2000人の見込客名簿ができあがります。データ化さえしてあれば、名刺は捨ててしまってもいいのです。

営業マンは名刺を大事そうに抱えていますが、それだけでは何の価値もありません。なまじ名刺の束があるからこそ、本人は仕事をした気になり、売上げも上げられそうな気になってしまうのです。しかし、名刺を抱えているだけでは1件も契約できません。

持っているだけで活用しない名刺、データ化されていない名刺はただのゴミと同じです。

「もらった名刺は捨てる！」――そんな意識を持っておくべきなのです。

場合によっては週に一度、営業マンから名刺を回収してエクセルに入力するようにするといいでしょう。ぜひ、会社の財産として名刺情報を活用するようにしてください。

Ｆａｘレターやメルマガで定期フォロー

先ほども書きましたが、**すべての見込客をデータ化してください。**見込客は、名刺だけではありません。ＨＰからの問い合わせ、電話での問い合わせ、Ｆａｘでの問い合わせ、紹介など、あなたの会社に過去に問い合わせてきた人すべてをデータ化するのです。すると、意外に多くの見込客があることに驚くはずです。

ここでよいお知らせと悪いお知らせがあります。

まずは、悪いお知らせから。

ほとんどの場合、見込客に対してまで継続的なフォローはしていないものです。多分、あなたの会社でも継続的なフォローはできていないはずです。その結果、その見込客はタイミングよく営業してきた別の会社と契約することになります。３ヶ月後、あなたが電話をした頃には「他と契約したので結構です」と言われてしまうことでしょう。

では、次によいお知らせです。

あなたが見込客に対して継続的なフォローをしていないのと同様に、競合他社も見込客に対して継続的なフォローはしていません。

しかし、どんなにすばらしい商品でも欠点はあるし、ビジネスにトラブルはつきものです。また、契約した会社に対して不満を持つこともあります。さらに、頻繁に購入するものでなければ、どの会社と契約しているかすら、覚えていないこともあるでしょう。もし、あなたがきちんとフォローすれば、お客さんを奪い返すことができるのです。

では、どうやってお客を奪い返すのか？

私がお勧めしているのは、Ｆａｘレターとメルマガです。

どちらでフォローしてもかまわないし、両方使ってもいいでしょう。郵送のニュースレターでもいいのですが、コストがかかり、準備に手間がかかってしまいます。Ｆａｘレターかメルマガなら、手間が少なくコストも安いのでお勧めです。

しかし、定期フォローに電話や訪問を使うとあまりうまくいきません。これは立場を逆に考えるとわかります。もし、あなたのところに営業マンが毎月電話をしてきて、「最近どうですか？　この商品は……」と言われたら面倒ですよね？　あるいは、「近くまで来たので寄りました」と言われても困るはずです。電話や訪問は相手の状況を考えずにするものだからです。忙しいときに電話をされたり、訪問されたら迷惑以外の何ものでもありません。このような営業活動をするから、お客さんから敬遠されるのです。その結果、お客さんから嫌われ、営業マンはやる気と自信を失くすのです。

一方、Ｆａｘレターやメルマガは相手の都合のよいときに読んでもらえます。忙しいときにＦａｘレターやメルマガが届いたら、後回しにすることができます。そして時間があるとき、またひと息ついたときに読むことができます。しかも、Ｆａｘレターやメルマガの内容が役に立つ情報であれば、お客さんから喜ばれます。その結果、あなたの商品が本当に必要になったとき、真っ先に連絡をくれることになるのです。

続けるだけで成約率が２倍に

先ほど挙げたとおり、私の会社で最初の問い合わせから１ヶ月以内に契約に至るのは55％程度です。Ｆａｘレターやメルマガを定期的に送ることによって、成約率が約２倍になっています。

売上げを上げたいのであれば、今すぐ客だけを追ってはいけません。今すぐ客を狙っているのは、あなただけではないからです。一方、今すぐ客でないお客さん（＝そのうち客）には競合は群らがっていません。この段階から、あなたが定期的に役に立つ情報を送っていると、あなたに好意を持ってくれます。

重要なのはここからです。

Ｆａｘレターやメルマガは送り続けることに意義があります。 一度や二度送ったからといって、すぐに売上げが増えるわけではありません。半年間送り続けて効果を感じ始め、1年間送り続けて売上げが少しずつ増えてくる、といったイメージです。即効性がないため、1、2回送っただけでやめてしまう人が多いのですが、それでは意味がありません。少なくとも、1年間は送り続けてください。

1年間継続すると言っても、月1回のFａｘレターならたった12回分です。書くのに1回2時間かかるとしても24時間分、つまり3営業日分です。1年のうち、3日間を見込客フォローに使うだけで成約が2倍になるとしたら、とてもラクだと思いませんか？

売上げが足りなくて悩んでいるのは、適切な方法で営業活動をしていないからです。効果が少ない方法で頑張っているから、売上げが上がらないのです。また、せっかく集めた見込客の成約率が低いのは、穴の空いたバケツに水を入れているようなものです。まずは穴をふさぐことが大切です。

Fａｘレターやメルマガは確実に売上げが上がる方法です。1年間継続するのは面倒くさいかもしれません。しかし、かかる時間は1回2時間程度です。最近では、ニュースレターのひな型を販売している会社もあります。そういったサービスを利用するのもいいでしょう。月1～2万円で毎月ひな型を送ってくれます。

もし、自分でＦａｘレターやメルマガを作るとしたら、1点だけ注意点があります。Ｆａｘレターやメルマガでは、宣伝や売り込みをなるべくしないようにします。宣伝や売り込みが毎月届いてもうれしくないからです。

基本的に、Ｆａｘレターやメルマガでは、相手にとって役立つ情報を送ってあげるようにします。よい商品の選び方とか商品の使いこなし方、成功事例、売上アップノウハウなど、相手にとって役立つ情報を送るのです。できれば、自社商品と関係のある情報がいいでしょう。

そのうえで、自社商品を少しだけ宣伝するのは問題ありません。割合としては、有意義な情報8割、宣伝2割くらいです。宣伝が多すぎると、相手が読んでくれなくなるため、注意が必要です。

自分で作るにせよ、ひな型を購入するにせよ、**とにかく送り続けることに意義があります。**最低1年間はＦａｘレターやメルマガを続けるべきです。それだけで、成約率は2倍になるはずです。

Ｆａｘレターやメルマガで書くべき内容

では、Ｆａｘレターやメルマガには何を書けばいいのでしょうか？　「書くネタがない！」、「何を書いていいのかわからない！」——そういった話をよく聞きます。しかし、それほど悩む必要はありません。と言うのも、Ｆａｘレターは出すことに意義があるからです。とは言うものの、書いたほうがいい内容があるので参考にしてください。

1　成功事例や導入事例など

お客さんに、事例を紹介すると喜ばれます。できれば、実名での公開がベターです。あなたの商品を導入したら○○万円の利益が上がったとか、○○万円のコスト削減、といった情報はとくにお薦めです。また、数多くの事例を数行ずつ書くのではなく、少数の事例を詳細に説明するようにします。

2　自社商品と関係があるノウハウや裏ワザ

ノウハウや裏ワザは精読率が高いものです。たとえば、私の会社はＦａｘＤＭ会社ですが、原稿の書き方や広告の反応がよい地域などをメルマガで解説しています。使えるノウハウを出し惜しみすることなく公開するとよいでしょう。

3　お客様の声

お客さんの声は強力です。これも実名公開が基本です。事例と重なる部分もあると思います。お客さんの声は量が重要ですから、なるべくたくさん載せるようにしたいものです。４章で述べた方法で感想を集めましょう。感想を紹介するのは、とても簡単で効果的です。

4　社員紹介

意外に有効なのが「社員紹介」です。営業担当だけでなく、総務や受付、社長のことをお客さんに紹介しましょう。体裁のいいことを書く必要はありません。趣味や家族構成などを書きます。たとえば、「熱狂的巨人ファン」とか「子供と公園デビュー」といった内容のほうが親近感を持ってもらうことができます。

5　お客様アンケート

Ｆａｘレターやメルマガなどで、お客様アンケートをしてみるのもいいでしょう。お客さんから意外な提案がある場合もあるため、ビジネスのヒントにもなります。このアンケートで、お薦めの「質問」があります。

それは、「数ある競合会社の中でなぜ当社を選んでくれたのですか？」という質問です。意外な回答が戻ってくることも少なくありません。自社のよい面を認識するチャンスです。ネタが切れたらお客様アンケート。アンケートの翌月はアンケート結果をレターに書くこともできます。

6　身の周りの出来事

少し高度な方法ですが、自分の身の周りに起こった何気ない出来事をビジネスに結びつけられないかを考えてみましょう。それが、あなたの商品に結びつけられたらないいでしょう。たとえば、「デパ地下に行ったら、いろいろと試食できて楽しかった。今回、当社の商品もデパ地下のようにお試しできるようにしました」といった感じです。あるいは、「満腹なときにデザートを勧められて思わず注文してしまった。アップセルは重要ですね」と持っていってもＯＫです。

7　最近読んだ本や参加したセミナー

また、本の一部分をピックアップして紹介するのもいいでしょう。1冊の本でも、紹介したいところがいくつかあるものです。そうなると、ビジネス書が無難でしょう。また、私は参加したセミナーがよかったら、メルマガで内容を公開するようにしています。「これはいいことを聞いた」といった情報ほど公開します。よい情報やノウハウを出せば出すほど、読者が楽しみにしてくれます。

8　時事ネタ、季節ネタ、流行モノ

また、今流行のことについての自分なりの考えを書くのも、ひとつの方法です。最近のニュースの中から、興味のあるものをピックアップするのはどうでしょう？　そのニュースが自社商品とリンクできれば、なおよいニュースレターになるでしょう。決算期にはコスト削減や売上アップについて書くこともできます。

また、季節ネタはつかみに最適です。春になったら、新社会人や花粉症について、などです。夏は盆休みについて。季節によって自社商品の需要が変わる場合は、それをネタにするのもいいでしょう。

たとえば、「9月は毎年注文ラッシュです。だから、混雑を避けるために8月に割引キャン

ペーン！」といったものです。流行モノを紹介してもいいでしょう。Ｆａｘレターは社長も見ますが、ＯＬで回し読みされている場合も少なくありません。ＯＬに、「面白い！」と思われるネタでもＯＫです。

ここには、あなたの会社や商品に関係あることを書くのがベターですが、それほどこだわる必要はありません。Ｆａｘレターやメルマガは、送ることに意義があります。内容は二の次です。だまされたと思って、１年間続けてみてください。

Ｆａｘレターサンプル

FaxDM通信（vol,17） 3月号

発信基：有限会社 e パートナー
TEL:047-352-3899 FAX:047-135-7157

※新規法人開拓 FaxDM、書店向け新刊案内 FaxDM、マスコミ向けプレスリリース、FaxDM ノウハウ集販売の会社です。

集客のヒント、ネットマーケティング、
自己啓発のネタを毎月お届けするにゃん。

^ ^
(*'ー')

いつもご利用いただきましてありがとうございます。「効果の高い FaxDM を提案している（有）e パートナー」です。
温かい日が続いたかと思うと、また寒くなり･･･冬から春への季節の変わり目、三寒四温ですね。早い地域では、間もなく“さくら”の便りが届くのではないでしょうか。（*^o^*）
このニュースレターは以前、弊社でご利用頂いた方、教材を購入して頂いた方、資料請求頂いた方に対してFAXしております。

「期限付き販売」で売上を伸ばす！

FaxDMのオファーは必ず「限定」にすることをお薦めしています。

それは「期限付き」や「先着○社」という風に明記した方が確実に反応が上がるからです。

以前、「限定を明記」したことにより、反応率がとんでもないくらい上昇した出来事がありました。

弊社の「FaxDM用教材」は昨年の 3/1 以降、実質的な値上げをしています。

値上げのリミットは 2/28 の深夜 24 時でした。

ようするに「3/1 以降は値上げをしますよ！」と期限を付けて 「限定」していたのです。
2月のメルマガで「値上げ」のことを告知しました。 2/25と2/28の2回メルマガを送信したのですが、 とても面白いことが分かりました。
初回の 2/25 のメルマガでは、FaxDMのノウハウをメインに書いて、メルマガの最後に値上げの告知をしました。
この時はメルマガ読者の 1.4%の方に教材を購入頂きました。

それから3日後の 2/28 にしつこいとは思いながら、再度値上げの告知をしました。

この時の内容は「あと16時間で値上げします！」と書いただけで、特に新しいノウハウは記載していませんでした。

ところが･･･

2/28、値上げの最終日に注文が殺到しました。 この日だけで 2/25 の2倍の方が教材を購入したのです。

「あと16時間で値上げ」という風に期限を明確にしたことが大量注文につながったと考えています。

ちなみに、2月のメルマガ以前の教材購入者は 6.9%でした。2月のメルマガで教材購入者は全体の 4.2%UPして合計 11.1%になりました。


「6.9%→11.1%」という数字は、実に 60%以上顧客が増えたことを意味しています。

もし、弊社の教材に「限定」を付けていなかったら、 このような売上UPはなかったでしょう。

「限定」というのはとても効果がある手法ですので、ぜひ試してみてください。

お問合せ：有限会社eパートナー　電話：047-352-3899　FAX：047-135-7157

社名		担当		TEL	
内容	□電話商談希望　□その他				

□番号違い　□今後不要　送信停止は FAX:047-135-7157 まで　貴社FAX:＿＿＿＿＿＿＿＿

FaxDM通信(vol,18) 4月号

発信基:有限会社 eパートナー
TEL:047-352-3899 FAX:047-135-7157

※新規法人開拓FaxDM、書店向け新刊案内 FaxDM、マスコミ向けプレスリリース、FaxDMノウハウ集販売の会社です。

集客のヒント、ネットマーケティング、
自己啓発のネタを毎月お届けするにゃん。

^ ^
(*'—')

いつもご利用いただきましてありがとうございます。「効果の高いFaxDMを提案している(有)eパートナー」です。もうすぐ、ゴールデンウィークですね!!毎年お休みを利用して川辺にdayキャンプ出かけます。例年の事ながら渋滞を潜り抜け到着するとぐったりって感じですが、外で食べるBBQは格別です。また、太陽の下で"まったり"もいいもんですよ!(o^^o) このニュースレターは以前、弊社でご利用頂いた方、教材を購入して頂いた方、資料請求頂いた方に対してFAXしております。

FaxDM Q&A

Q1、どんな内容のクレームが来るの?

ほとんどが、「今後送らないで!」と書いてFAXで送り返してきます。クレームの8割がFAXで、残りの2割が電話をしてきます。電話をしてくる人も基本的な内容は「今後送らないで欲しい」という内容です。

Q2、どうやって対応すればいいの?

クレームの電話がかかってきた場合は、まず謝罪してください。そして今後二度と送らない旨を伝えた上で、「市外局番からFAX番号」を教えてもらうと良いでしょう。

クレームの考え方

クレームが来たから、もう2度とFaxDMをしたくない!
と感じるのはもっともなことです。確かに、強いクレームの電話を受けると、次にFaxDMをやるのがおっくうになります。ですが、経営者として、ビジネスとして考えた方がいいかもしれません。というのも、FaxDMのコストとそこから上がる売上げを比較して、もし利益が出ているのであれば、FaxDMは続けるべきだと思います。確かに「相手の紙とインクを勝手に使っている」という負い目はありますが、クレームは全体のわずか1%です。逆に言うと残99%の人は少なくともクレームではないとも言えます。

「値上げ」キャンペーン?

「キャンペーン」というと、通常「値下げ」をイメージします。

売上が足りないから、キャンペーンをして売上を上げよう!と考えがちですが、事実は逆です。本当に売上が上がるのは、「値上げ」する時です。

例えば、弊社高橋が住宅の営業マンだった時は金利が上昇した時にお客さんが家を買っていたそうです。

史上最低金利の時にはお客さんはあまり動かなかった。金利が上昇し始めると
「そろそろやばい!」と思い、お客さんが動き始める。

また、消費税率アップの時もたくさんのお客さんが家を買ったそうです。

繰り返しますが、お客さんが動くのは
「値上げする時」です。

「値上げ」キャンペーンこそ、売上を上げるポイントです。

「値上げ」すると売上が上がるのはもちろん、粗利もUPします。

<ゴールデンウィークについて>

弊社の休みは、4/28(土)~5/6(日)までです。今週中にお申し込みいただければGW中の送信が可能です。
なお休日中の問合わせはメールにてご連絡下さい。 E-Mail:info@e-ptn.com 可能なかぎりご返信いたします。

お問合せ:有限会社eパートナー 電話:047-352-3899 FAX:047-135-7157

社名		担当		TEL	
内容	□電話商談希望 □その他				

□番号違い □今後不要 送信停止は FAX:047-135-7157 まで 貴社FAX.______

メルマガサンプル

###name1###さん、広告の問い合わせを増やす方法とは？

###name1### 様

こんにちは。お元気ですか？
ＦａｘＤＭコンサルタントのｅパートナー高橋です。
http://www.e-ptn.com/

最近「豚インフルエンザ」が流行っているみたいですね。

ちょっとぽっちゃりした友人に
「あれ？インフルエンザ大丈夫ですか？」
と言ったらカウンターパンチをもらいました。

口は災いのもとですね（*_・）。

さて今日のテーマは「広告の問い合わせを増やす方法」です。

広告の問い合わせを増やす方法は大きく分けて２つあります。

１つ目は「良いオファーを作り商品の魅力を伝えること」です。
つまり相手にメリットがある提案をすることです。
これは誰でもやっていますし、色々な本で解説されていることです。
ですので今回はこれに関しては説明をしません。

実を言うと問い合わせを増やすためにもう１つ重要なことがあります。
それは「相手のリスクを減らすこと」です。
このことは忘れられがちですし、本にも詳しくは載っていません。

相手は問い合わせる時に様々なリスクについて考えています。

###name1###さんも何かで問い合わせる時に
ちょっと躊躇するようなことはありませんか？

「問い合わせるのがめんどくさいな」
「信頼できる会社なのだろうか？」
「オファーが良すぎるのでかえって怪しい」
「しつこく営業されそう」
「何か売りつけられそう」

相手はこういう心配をしているわけです。

つまりこれは問い合わせのリスクです。
多くのケースでお客様からの問い合わせを妨げていることがあります。
そして広告主はそのことにまったく気付いていないのです。

ＦａｘＤＭで「今すぐお電話下さい」と書いて、
問い合わせ欄を作らないと、反応が激減します。
これは「電話だと売り込まれそう」と相手が思うからです。

ちなみに小手先のテクニックですが、広告の中に
「こちらからしつこく営業することはありません」
というような文章を入れるのも手です。
この文章があると気軽に問い合わせできます。

また単純に問い合わせ件数だけを増やしたい場合は
「無料セミナー」よりも「無料小冊子」の方が
問い合わせは増えます。
「セミナー」は外出しなければいけないので反応は少し減ります。

※セミナーの場合反応は減りますが成約率は上がります。

問い合わせ欄に記入項目が多いとやはり問い合わせは減ります。
書くのが面倒くさいですし、後で書こうと思って
そのまま忘れてしまう人もいるからです。

問い合わせ欄は極力簡単に記入できるようにして下さい。

ＦａｘＤＭをはじめとする広告の目的は「見込客を集めること」です。
見込客を集めて、育てていく感じです。
見込客を集めようとすると５～２０％位の割合で
今すぐ客も含まれています。

ＦａｘＤＭをはじめとした広告をチェックする時は
問い合わせの妨げになってるものがないかどうかを
必ずチェックするようにして下さい。

チェック方法としては
「自分だったら問い合わせるかな？」
と自問自答することです。
シンプルですがとても強力なチェック方法ですので一度お試し下さい。

自分では中々チェックできない時は
他人にチェックしてもらうのも有効です。

弊社のＦａｘＤＭは原稿添削付きです。
反応があるかないか事前にチェックして欲しい方は
下記よりＦａｘＤＭをお申込下さい。

追伸１
ＦａｘＤＭを依頼したい方はコチラ。
原稿作成キット、原稿添削１回、名簿レンタル料、
ＦＡＸ送信料、すべて込みです。
３０００件で８万円（税別）↓
http://www.e-ptn.com/ryokin.htm

追伸２
高橋の電話コンサルを直接受けたい方はいませんか？
１年間１２回までの電話コンサルが受けれる「シルバー会員」
（年間５９８００円）がお勧めです。

電話コンサルの代わりに、原稿添削、広告添削でもＯＫ。
ＤＶＤ３枚、ＣＤ４枚も付いてます。
もちろん返金保証付き。
http://www.e-ptn.com/order_card2.htm

－－－－－－－－－－－－－－－－－－－－－－－－－－－－－－－－－

＜編集後記＞

友人からスティーブ・ジョブズ（アップル創業者）の
感動のスピーチを紹介されました。
http://sago.livedoor.biz/archives/50251034.html

やはり一流人のスピーチはすごいですね。
スティーブジョブズは天才ですし
あのカリスマ性が好きです。

スピーチの中で
「人生には時としてレンガで頭をぶん殴られるようなひどいことも起こる」
というところがあります。

私もレンガでぶん殴られた経験あります。

実は私はサラリーマンだった頃、
会社をクビになったことがあります。
役員室に呼ばれ、「今この場でクビです」
と宣告されました。
「３０分以内に会社から出てけ！」
と言われたのです。

お笑い好きの私でも「あのぉ、送別会は・・・？」
とは言い出せませんでした。
（そんなふいんきではなかった）

当時私はその会社のアジア太平洋地区でのトップ営業マンでした。
ですが副業がバレてクビになったのです。
しかも前の月にマンションを買ったばかり。。。

当時は最低、最悪、お先真っ暗の出来事でしたが
今となっては自分に必要な薬だったのだと理解しています。
その出来事があったからこそ今の会社があり自分があります。
ありがとう。感謝。

※※※※※※※※※※※※※※※※※※※※

有限会社　ｅパートナー
高橋　廣　（Hiroshi Takahashi）
〒279-0001
住所：千葉県浦安市当代島 2-3-9-103
Tel：047-352-3899
Fax：047-135-7157
E-Mail：h.takahashi@e-ptn.com
http://www.e-ptn.com

※※※※※※※※※※※※※※※※※※※※

7章のまとめ

■1ヶ月以内に契約できるのは約半分しかない

■営業マンは目先の売上げを追っているため、長期フォローは苦手（というか、フォローしてない）

■名刺は会社の財産。名刺を始めとする見込客情報は、すべてデータ化してエクセルで管理する

■見込客の長期的なフォローは会社として行なう（営業マン任せにしない）

■Faxレターやメルマガで定期フォローすると成約率が2倍になる

■Faxレターやメルマガは送り続けることが重要。内容は二の次

■Faxレターやメルマガでは売り込まない。相手の役に立つ情報を送るのがベター

■成功事例・導入事例は反応が高い

あとがき

この不況の中、売上げを上げるにはどうしたらいいか？

効率よく新規開拓をするにはどうしたらいいのか？

お客さんから見下されたり、値引要求されないようにするためにはどうしたらいいか？

その答えを、この本で書いたつもりです。

正直言うと、努力と根性さえあれば売上げは上がります。

ただし、それは一時的なものでしかありません。なぜなら、私たちは人間だからです。努力や根性には限界があります。よほどの人でない限り、永遠に走り続けることは難しいでしょう。

経営者や営業責任者の仕事は、部下を怒鳴ることではありません。「努力せずに売上げを上げられる仕組みを作る」ことだと思います。そして、それについて私が知っているノウハウは、すべて本書に書きました。後はあなたしだいです。

「面白かったなあ」で終わる人。

「聞いたことがある話ばかりだったな」と批判する人。

「あのノウハウは使えるので、いつか試してみよう」と考える人。

同じ本を読んでも、どのように感じ、どういう行動を起こすかは人それぞれです。もし、あなたにとって役に立つノウハウがあれば、すぐに行動を起こして下さい。

「今度試してみよう」ではなく、「今すぐ」に試してみて下さい。行動しなければ何も変わりません。「訪問営業はしない」と決意するのもいいでしょう。「ＦａｘＤＭを使ってみる」というのもありです。「沈黙営業法を次の商談で試す」、「Ｆａｘレターを始める」、「名刺をデータ化する」。

何でもいいので、とにかく何か行動を起こしましょう。決して、本を読んだだけで満足しないで下さい。

いつもと同じ営業スタイルなら、いつもと同じ売上げにしかなりません。今の結果に満足していないのであれば、行動を変える必要があります。まずは、最初の一歩を踏み出して下さい。

失敗したっていいじゃないですか？　死ぬわけじゃないでしょう？　失敗したら、次からは別の方法を取ればいいだけです。

新規開拓の苦しみから解放されるのはとても気持ちのいいものです。以前は私も、売上げや新規開拓に悩まされていました。しかし、今は新規開拓に悩むことはなく、また値引きを要求されることもありません。嫌な取引先もいないし、接待や訪問営業もありません。

自分にとっては、理想的な営業スタイルになっています。「営業はストレスが多い」――そう考える人は少なくありません。しかし、ストレスの少ない営業方法もあるのです。

もし、あなたもストレスの少ない営業方法を取り入れたいのであれば、何でもいいのでまず最初の一歩を踏み出して下さい。最初の一歩を踏み出すことができれば次の一歩は簡単です。

また、もしあなたの周りに新規開拓に悩んでいる人がいたら、この本をもう1冊買ってプレゼントしてあげて下さい。真面目で一所懸命がんばっているのに売上げが上がらない人にこそ、ぜひこの本を読んでほしいのです。

最後に、本書を出版するにあたり、多大なる協力をしてくれた方々に感謝の意を表します。

出版を決意させてくれたジェイ・エイブラハム氏、出版企画を採用してくれた同文舘出版の古市達彦氏、古市氏を紹介してくれた長沢社会保険労務士事務所の長沢有紀先生、皆様方の協力がなければ、この本は出版されることはありませんでした。

また、執筆にあたって的確な意見とアドバイスをくれた飯田晃司さん、やる気とインスピレーションを与えてくれた中村元さん、事例を公開することを快く引き受けてくれたユーザーの皆様、応援メッセージをくれた「田河社会保険労務士事務所　田河様」、「おそうじかんぱにー立川様」、「てっちゃんの株式教室　松浦哲雄様」、「富山整膚助健康堂　浮田知義様」、「立石社会保険労務士事務所　立石謙作様」、「佐野久雄様」、「起業独立研究会　酒井とし夫様」、「池田敏春様」、「学遊舎　薄井幸二様」、「鈴木大作様」、「NFA山本様」、「集客支援FP　笹原隆生様」、「新井社会保険労務士事務所　新井麻行様」――本当にありがとうございました。

そして何より、私を陰で支え公私に渡って応援してくれた共同経営者の仁藤雄三さん、ありがとう。とても感謝しています。

最後まで読んでいただきありがとうございます。あなたといつか出会える日を楽しみにしています。

2009年8月

有限会社eパートナー　高橋　廣

著者略歴

高橋　廣（たかはし　ひろし）

FaxDM コンサルタント、マーケティングコンサルタント
1973 年福岡県生まれ。早稲田大学人間科学部卒業
大手住宅メーカー営業マンを 3 年半勤めるが、常に営業成績下位のいわゆる“ダメ営業マン”。
その後、厳しい営業で有名な外資系のマーケティング会社に“間違えて”転職。中途入社営業マンの 10 人中 5 人が、3 ヶ月以内に退職するこの会社で出会ったのが FaxDM。毎日“公衆電話”からテレアポをしながら、1 日 3 件のアポをこなす。毎日終電近くまでがんばっていたのが報われ、アジア太平洋地区での売上 No.1 を達成。2003 年、在職中に FaxDM コンサル会社「(有)e パートナー」を設立。ところが、会社設立が勤務先にバレてしまい、「この場でクビ！　30 分以内に会社から出て行け！」と社長から宣告される。設立したばかりで売上ゼロ、手持ち現金 30 万円、マンションローンありの 3 重苦。普通の営業方法では資金がショートする可能性が高かったため、訪問なしで新規開拓する方法を選択。パソコンと FAX だけで、訪問なしで次々と新規開拓。
主な実績としては、3 ヶ月間で社労士の全国ネットワークを組織し、その見込客 1200 社を集客（トータル 1500 社集客）。提携会社のセミナー集客に FaxDM を使い 900 人以上集客。現在では、中小企業経営者向けに新規開拓ノウハウ、FaxDM ノウハウのコンサルティングを行なっている。とくに FaxDM の原稿添削、広告添削には定評がある。

サイト　http://www.e-ptn.com/

「売りたい営業マン」は訪問するな！

平成 21 年 10 月 9 日　初版発行

著　者――高橋　廣

発行者――中島治久

発行所――同文舘出版株式会社
東京都千代田区神田神保町 1-41　〒 101-0051
営業 03（3294）1801　編集 03（3294）1803
振替 00100-8-42935　http://www.dobunkan.co.jp

ISBN978-4-495-58581-5

印刷／製本：萩原印刷
Printed in Japan 2009